The Evolution from "Made" to "Created"
The Innovation of Wenzhou Enterprises in Shanghai in the New Era

从"制造"到"创造"的嬗变
新时代在沪温商企业的创新之路

李丐腾 / 主编

王 健 / 常务副主编

厉蓓蕾　吴泽林　胡丽燕 / 副主编

上海社会科学院出版社
SHANGHAI ACADEMY OF SOCIAL SCIENCES PRESS

图书在版编目(CIP)数据

从"制造"到"创造"的嬗变：新时代在沪温商企业的创新之路 / 李丏腾主编 . — 上海：上海社会科学院出版社，2024
ISBN 978-7-5520-4333-4

Ⅰ. ①从… Ⅱ. ①李… Ⅲ. ①民营企业—企业创新—研究—中国 Ⅳ. ①F279.245

中国国家版本馆 CIP 数据核字(2024)第 053006 号

从"制造"到"创造"的嬗变——新时代在沪温商企业的创新之路

主　　　编：	李丏腾
常务副主编：	王　健
副　主　编：	厉蓓蕾　吴泽林　胡丽燕
责 任 编 辑：	包纯睿
封 面 设 计：	黄婧昉
出 版 发 行：	上海社会科学院出版社
	上海顺昌路 622 号　　邮编 200025
	电话总机 021-63315947　　销售热线 021-53063735
	https://cbs.sass.org.cn　　E-mail：sassp@sassp.cn
照　　　排：	南京理工出版信息技术有限公司
印　　　刷：	上海雅昌艺术印刷有限公司
开　　　本：	787 毫米×1092 毫米　1/16
印　　　张：	17.5
插　　　页：	4
字　　　数：	218 千
版　　　次：	2024 年 8 月第 1 版　2024 年 8 月第 1 次印刷

ISBN 978-7-5520-4333-4/F・762　　　　　　　　　　　　　　定价:158.00 元

版权所有　翻印必究

前记:"百年商会"基业长青 壮大"六大平台"赋能发展

上海,是许多温州人创业发展的"宝地"、走向世界的"平台"。据不完全统计,生活在上海的温州人有60多万,所办企业有9万多家,其中上规模有实力的企业5 000多家,而且拥有多家上市公司。

对于李丐腾而言,上海是他奋斗人生的福地,也是他引领温商抱团发展的港湾。2020年8月6日,在上海市浙江温州商会(简称"上海温州商会")第二届第一次会员大会上,李丐腾被推选为新一届会长。

在外温州商会是温商抱团打拼、共谋发展的大家庭,也是温州联系在外温商的主渠道。

上海温州商会无疑是温州在外商会中一个重要的战略平台,架设起温、沪两地人才、资金、技术等要素资源流动的桥梁,在引导会员企业反哺温州、发展上海、服务全国、走向国际等方面,发挥重要作用。

"会长,不是一个虚名,会长是要做实事的,坐在这个位置上，要承担很多的压力和责任。"李丏腾说，"对于会长这个职务，我不会戴在头上，我会扛在肩上，放在心坎上。"

"秉承前辈'敢为人先，特别能创业'的温州人精神，融合上海海纳百川的气势，在新征程上奋力续写好新时代创新史……"李丏腾的就职演讲铿锵有力，他提出站在新的起点上，面对国内外复杂多变的形势，上海温州商会应着力打造"六大平台"：提高温州人形象、弘扬温州人文化和温州人价值观的平台，信息交互、资源整合的创业平台，互看互学、共同进步的学习平台，能体现温州人商行天下、善行天下的公益平台，关爱助力、共叙乡情、分享快乐的友谊平台，关注关心家乡建设、回家乡投资、积极回报家乡的平台。

李丏腾认为，温州商会作为连接政府、市场以及全球产业链的重要节点，有着广阔的创新发展空间，打造基业长青的"百年商会"正当时。

有了这样的目标，李丏腾一接过"会长"的接力棒，便立即行动。他联合各地温商启动全球温商科创中心，推动全球温商企业与国内外科创项目平台交流、互动及合作，并通过建立人才智库，融合和共享全球人才资源。成立全球温商联盟，打破传统单个商协会信息孤岛的局面，实现国内外温州人各商协会之间以及其他组织机构之间共商共建共享，服务温商一起走出国门、走向世界。成立温州市在沪温商慈善基金会，践行"商行天下、善行天下、智行天下"的温商发展理念。同时，李丏腾牵线温州银行为在沪温商企业综合授信 100 亿元，为在疫情中突围的商会会员企业及时提供金融"输血"。

自上任以来，李丏腾连续多年被评为"年度异地温州商会优秀会长""上海市工商联优秀会长"。他表示，上海温州商会将努力发挥"头雁"作用，做深温商资本与科创资源的有效对接，做到服务上海与助力家乡的互促共进，在建设"重要窗口"、践行"两个健康"、强化创新引领、促进开放融合、打造"百年商会"上先行示范，树立新时代温商新标杆。在李丏腾带领下，上海温州商会获得了上海市社会组织评估 4A 等级，并多次荣获"年度先进异地温州商会""上海市'四好'商会"等称号。

目录 CONTENTS

- 001　从"制造"到"创造"的嬗变——新时代在沪温商企业的创新之路
- 017　科技创新引领小家电国潮之路——上海飞科电器股份有限公司
- 028　数据改变每日生活——每日互动股份有限公司
- 041　多元业务民营企业的传奇——上海均瑶（集团）有限公司
- 054　科学守护睡眠——上海水星家用纺织品股份有限公司
- 069　引领西装潮流，构建大国品牌——报喜鸟控股股份有限公司
- 081　以最舒适的方式让人们的生活更健康——上海荣泰健康科技股份有限公司
- 096　成为受人尊重的百年中通——中通快递股份有限公司
- 109　书写体育用品零售新传奇——上海锐力健身装备有限公司

123 中国小食界的超级航母——上海正新食品集团有限公司

137 泵产业的"大国工匠"——上海凯泉泵业（集团）有限公司

151 引领智慧水务，打造百年熊猫——上海熊猫机械（集团）有限公司

165 建成才之桥、立业之桥和育人之桥——上海建桥（集团）有限公司

179 为工程提供动力，为生活"智造"美好——上海东方泵业（集团）有限公司

192 抓住新媒体发展的风口——上海悦普广告集团股份有限公司

205 光明使者，畅通世界——上海浦东电线电缆（集团）有限公司

218 国内 CMC 领域探索者——上海长光企业发展有限公司

230 义乳行业第一批"吃螃蟹"的人——上海雪伦医药科技有限公司

243 做中国泵阀行业的领跑者——上海连成（集团）有限公司

255 启迪材料极限——浩力森涂料（上海）有限公司

270 后记

从"制造"到"创造"的嬗变

——新时代在沪温商企业的创新之路

1978年改革开放后,温州大力弘扬"敢为人先,特别能创业"的精神,率先进行市场取向改革,率先发展个私经济、民营经济,形成了一批商行天下的温州商人。1990年浦东开发开放和世纪之交"四个中心"目标的确立,使得上海成为深化改革开放的前沿和窗口,也吸引了一大批温州商人前往上海发展。据上海温州商会不完全统计,生活在上海的温州人有60多万,所办企业有9万多家,其中上规模有实力的企业5 000多家。商会现拥有会员企业500余家,遍布上海各个行政区域,行业覆盖电器制造、服装制鞋、机械制造、教育、纺织、农业、商务服务、房地产、金融、互联网、贸易投资等领域,在上海乃至全国都有较高声誉。

进入新时代,我国经济发展由高速增长阶段转向高质量发展阶段,创新逐渐成为引领发展的第一动力。党的二十大指出:"必须坚持科技是第一生产力、人才是第一资源、创新是第一动力,深入实施科教兴国战略、人才强国战略、创新驱动发展战略,开辟发展新领域新赛道,不断塑造发展新动能新优势。"而广大民营企业也与时代相向而行，打破舒适区、挑战可能性，成为我国创新发展中的重要力量，技术创新成果占到了全国 70% 以上。国家知识产权局知识产权发展研究中心发布的《中国民营企业发明专利授权量报告（2021）》显示，2021 年，我国发明专利授权量达 69.6 万件，排名前 10 位的国内企业中，民营企业占据 7 席。全国工商联最新数据显示，截至 2021 年底，中国民营企业 500 强的国内外有效专利合计超过 63.3 万项，较 2020 年增长 53.6%。

作为中国民营企业的重要组成部分，上海温商企业胸怀"国之大者"，紧紧围绕国家发展战略和上海"五个中心"建设目标，持续加强研发投入，抢占行业发展机遇，不断推动企业由"制造"向"创造"转型升级，走出了一条独具特色的创新之路。

紧跟国家战略

上海温商企业始终把紧跟国家战略、找准国家发展与企业成长的结合点作为创业创新的基础。上海均瑶（集团）有限公司（简称"均瑶集团"）王均金的感受很具有代表性："均瑶集团的发展始终和全国、和浙江、和上海的发展战略保持一致，国家需要什么，我们就做什么。企业所有的投资都要以促进社会进步为原则，以给社会做加法为理念。"

制造强国战略是党中央、国务院从提升国际竞争力、增强综合国力、保障国家安全的战略高度适时做出的一项重大战略部署，是关系我国未来长远发展的一项重要决策。上海温商企业始终怀揣实业兴国的梦想，深耕制造业，不断创新升级，努力做专精特新的"小巨人"企业，进而向世界冠军企业迈进。智能制造是我国制造业转型升级的主要路径，也是推进制造强国战略的主攻方向。上海温商企业把握发展大势，积极探索智能化新技术、新业态，坚定迈上智能转型道路。例如，报喜鸟控股股份有限公司（简称"报喜鸟""报喜鸟控股"）早在2014年就开始布局智能化生产，次年开始筹建以智能制造透明云工厂为主体、以私享定制云平台和分享大数据云平台为两翼的云翼智能服务平台，实现了一站式私人定制和大规模量产的兼容，并缩短了生产周期，降低了出错率。今后，公司将在全面的智能化改造进程中实现人与设备以及设备与设备的互联互通，构筑集工艺标准、工业物联网、工业大数据、人工智能于一体的行业级工业互联网平台，进一步提高产能，扩大定制业务占比。中通快递股份有限公司（简称"中通""中通快递"）智能分拣柜为中心发件分拣、网点派件分拣提供综合分拣解决方案，智能配送已经成为中通快递未来的创新方向。上海熊猫机械（集团）有限公司（简称"熊猫""熊猫集团"）紧紧抓住数字化转型机遇，以智慧水务平台为基础支撑，实现水务行业全产品线、全生态链智能应用，提升水务企业管理水平及运营效率，引领中国智慧水务新发展。上海东方泵业（集团）有限公司（简称"东方""东方泵业"）打造物联网云系统智能平台，全面应用企业资源计划（ERP）、产品生命周期管理（PLM）、计算机辅助制造（CAM）等信息化辅助工具，结合规模化和专业化，连接信息化和自动化，融合高端装备和先进技术，通过科学管理，从用户需求分析到研发、设计、铸造、加工、装配、检测，实施全套零缺陷管理，从而不断提升产品质量，确保安全性、稳定性、可靠性、一致性。上海凯泉泵业（集团）有限公司（简称"凯泉""凯泉泵业"）积极打造"智慧凯泉"，通过凯泉智慧云平台，借助智慧泵和智慧供水设备，建立凯泉产品的智慧监控体系，实现泵站自动化管理。

绿色低碳转型是我国可持续发展战略的重要组成部分。上海温商企业为加速传统产业绿色转型，采取了一系列创新举措。例如，中通快递率先推出一联电子面单，优先采购符合国家标准、行业标准及国家有关规定的45毫米以下"瘦身胶带"，使用绿色循环中转袋，持续推进"回箱计划"等。公司还投入新能源汽车，降低物流运输对环境和气候造成的危害。为改变涂料行业高污染、高能耗的特点，浩力森涂料（上海）有限公司（简称"浩力森"）积极响应"油改水"的目标，研发出水性涂料、低碳涂料、粉末涂料等无毒、无害、无污染产品，大大降低了挥发性有机物的排放，引领了行业的绿色低碳转型。凯泉泵业陆续推出黑臭河治理、海绵城市、农村污水治理、雨污分流等方面的新产品，并实施节能改造方案，以新泵换旧泵，通过节能改造提升了能源的利用率。

加快建设数字中国是抢占发展制高点、构筑国际竞争新优势的必然选择。温商企业抢抓数字化发展的时代机遇，积极推动以数字经济为主题的信息通信业与实体经济融合发展。例如，每日互动股份有限公司（简称"每日互动"）将数据能力深度运用于各细分业务场景，沉淀了深厚的行业知识和丰富的服务经验，并打造了面向企业和政府部门的一系列数据智能产品与解决方案，助力各行业数字化升级。均瑶集团旗下的上海华瑞银行探索数字化银行发展模式，并与吉祥航空成立"航旅金融创新实验室"，加速推进数字风控、数字营销、数字运营等数字化核心能力建设。上海锐力健身装备有限公司（简称"锐力""锐力体育"）启动超级导购项目，构建了具备四个维度的数字化运营体系，实现了总部与终端的动态连接。上海正新食品集团有限公司（简称"正新""正新集团"）搭载"小程序+企业微信"流量风口，构建了数字化线下门店，开启了线上电商业务。正新线上商城品类颇多，用户可通过微信小程序进入商城下单。上海悦普广告集团股份有限公司（简称"悦普""悦普集团"）聚焦数字广告业，加强投放前后的数据分析和评估,对品牌目标消费市场进行细分研究,其策划的整合营销与数字营销案例获得广泛关注,为客户品牌带来亿级流量。

借力上海平台

浦东开发开放后,上海经济进入快速发展新的历史时期,产业结构的战略性调整取得重大进展,整个经济的市场化进程显著加快,开放型经济格局基本形成,并代表国家参与全球合作和竞争。进入新时代,上海又承担起了自贸试验区建设和科创中心建设两大国家战略,并努力打造社会主义现代化建设引领区。这一发展新优势加上上海在科研、教育、人才、技术、资金和对外联系方面的传统优势,自然吸引了一大批有志成为世界冠军企业的温商企业将事业重心转移到上海。

早在20世纪90年代"温州制造"逐渐壮大的过程中,就有许多温商专程来到上海,邀请专业的技术人员给予帮助并寻求进一步合作。浦东开发开放后,更多的温商在上海开启了二次创业,上海成为温州民企迈向全国、走向世界的重要平台。1994年,林凯文将发展重心迁移到上海,成立了上海凯泉给水工程有限公司,正是希望借助上海的科技和人才优势,将公司打造成为中国领先的泵工业工厂。1999年,周星增到上海创建上海建桥学院,一是看中"上海"两个字的品牌优势及其巨大的影响力,二是看中上海的人才集聚和市民较高的综合素质,三是看中上海在文化层面的包容性。这些优势对于办好一所高校至关重要。陈余义于2001年决定成立上海浦东电线电缆有限公司的主要原因,就是希望建立一个更加稳定的平台,使其在每个分厂之间起到资源整合及分散风险的作用，增强在面对市场变化时的整体调配能力和抗压能力，提高公司的生存概率和竞争优势。2009年，李丏腾将上海飞科电器股份有限公司（简称"飞科""飞科电器"）的管理总部从温州迁至上海，正是希望借助上海这一品牌，让企业实现更好的发展。2013年8月，上海雪伦医药科技有限公司（简称"雪伦"）将温州生产基地迁至上海，成为公司发展史上的一个里程碑和新的开始。借助上海的信息、技术与人才优势，雪伦进入了快速发展阶段。

事实上，上海在政策、科研、人才、信息等方面的优势也有力助推了上海温商企业的创新发展。上海紧紧围绕市场化、法治化、国际化方向，切实优化营商环境，着力发挥政策对优化营商环境的支撑作用，强化产权保护、市场准入、资金要素获取等方面的普惠性支持政策，优化完善联系服务企业机制，切实为企业发展排忧解难。同时，围绕科创中心建设，上海的研发费用不断增加，全社会研发经费支出占全市生产总值的比例上升至4.2%，跻身全球城市前列。据世界知识产权组织发布的《2020年全球创新指数报告》，上海2020年位于全球创新城市第9名。上海还拥有丰富的人才优势。据统计，人才资源总量达到675万人。特别值得一提的是，上海还集聚了诸多知名的高等院校、科研机构、研发中心，为企业创业、创新、创造提供了重要的技术支撑。

2008年的金融风暴，曾让国内泵类行业陷入经营困境，通用产品的"价格战"越打越烈。林凯文通过反思，决心通过科技创新，不断提升产品附加值，增强企业核心力，实现战略突围。在此期间，经过市经信委、市科委等部门推荐，公司在一年内迅速集聚了一批泵业领域的顶尖专家，逐步建立起国内一流的力学、水力、材料应用等3个先进基础实验研究室，以及热冲击、高精度闭式、超大型水泵测试等3个国际领先的测试台，获批成立"上海电站泵工程技术研究中心"。上海水星家用纺织品股份有限公司（简称"水星""水星家纺"）借助上海应用技术大学材料科学与工程学院、东华大学纺织学院及材料科学与工程学院、上海市纺织科学研究院的专家团队开展科研攻关，并成立了水星家纺上海睡眠研究中心、上海家纺新材料工程技术研究中心、家纺实验室、研究生实习基地等平台。上海荣泰健康科技股份有限公司（简称"荣泰""荣泰健康"）积极与复旦大学、同济大学、上海大学、上海中医药大学等高校进行合作，在人工智能、自动检测及其他新技术、新工艺上共同探索优化，在人体工学、穴位按摩、结构优化等方面共同开发，为产品设计提供技术支持，为产品开发提供数据支撑。熊猫集团与同济大学环境科学与工程学院合作，对漏损控制、爆管溯源、输配水效率等问题逐一展开深层次合作研讨，并取得阶段性成果。浩力森、上海长光企业发展有限公司（简称"长光"）等也分别与上海理工大学、复旦大学、华东理工大学等高校建立了合作关系。

加大研发投入

全社会研发投入规模和强度指标反映着一个国家或地区的科技实力和核心竞争力，企业研发投入的快速增长标志着一座城市企业创新能力和创新活力的快速提升。上海温商企业，尤其是龙头企业，不仅以高研发投入推进自身的技术创新，不断取得发明专利数量与质量的突破；同时以产业链为依托，形成创新联合体，以创新促进产业升级。

飞科总部聚合了集团研发设计、品牌运营、物流等多个部门和国家级实验室，并在"通过技术创新和高颜值设计驱动产品高端化，实现品牌升级"的战略引领下，大幅度地提高研发投入，强有力地支撑创新产品的迭代。2021年，飞科在研发方面的投入资金高达4亿—5亿元。这也使飞科的专利数量每年以近乎翻番的速度增加。上海浦东电线电缆（集团）有限公司（简称"浦东线缆"）每年的科研投入已达总产值的5%以上，而国内同类产业科研投入比例平均还不到2%。浦东线缆已先后开发出具有自主知识产权的专利新产品60多项，拥有六大国家级研发试验平台（国家认可试验室、国家级企业技术中心、省级矿物质防火电缆及材料工程技术中心、院士专家工作站、技师创新工作室、工匠创新工作室），是柔性矿物质防火电缆国家标准GB/T34926-2017主编单位，主编或参编国家行业各类标准规范30多项。2009年，凯泉泵业就制定了3年投入科研经费7亿元的规划，力度之大在当时国内泵行业绝无仅有。此后，凯泉泵业将每年销售总额的5%用于技术创新和新产品研发，目前拥有专利450多项，其中全国发明专利40项。荣泰健康坚持做"更专业的按摩椅"，高度重视技术研发和创新，大力投入各类资源，每年的研发支出占到3.5%—5%。在过去的26年里，荣泰健康已成功建立了以技术中心、产品中心为基础的理论研究、技术开发和产品研制的三级技术研发体系，拥有设备先进的研发实验室。截至目前，荣泰健康已拥有各项授权专利765项，其中发明专利30项。均瑶集团积极参与上海全球科创中心建设。上海华模科技有限公司（简称"华模科技"）承担的飞行模拟机研发填补了国内空白。陶铝新材料产品在活塞和电池托盘领域的应用做到世界领先，并完成量产，打破了国外对高密度功率柴油机活塞的技术垄断，陶铝新材料地板支撑梁也已进入国产大飞机C919的生产名录中。熊猫集团始终瞄准国际供水行业前沿技术。2018年以来，已投资5亿多元，完成了集成泵站全方位迭代创新。长光始终高度重视技术创新和应用研发，建立了食品应用研发实验室、牙膏应用实验室等产品应用实验室，拥有超过35项发明专利，实现了羧甲基纤维素钠产品的国内代替，并成为首家出口企业。

同时，温商企业还根据客户需求和市场发展，以新产品的研发占领和拓展市场，不断提高企业的市场竞争力。每日互动从手机充电时能自动备份通信录的"备备"，到通过移动互联网流量实现消息免费发送的"个信"，再到如今开展消息推送服务的"个推"，其背后都蕴含着在代码、数字技术、数据分析等方面的创新实践，这些技术已被广泛应用于治理交通拥堵、保障高速公路安全、开展地震预警、抗击新冠肺炎疫情等领域。为了以最舒服的方式让人们的生活更健康，荣泰健康对按摩椅机芯的研发已经过五代。荣泰健康最新研发的三轴联动3D筋膜机芯，能使按摩头前推8厘米，实现机械仿真人手指力按压，力度直达酸痛肌肉深层。而柔性导轨能够使按摩的有效距离从1 160毫米增加到1 210毫米，实现"零重力"按摩。这些核心技术开创了行业先河，引领了行业发展。飞科全球首创了智能感应剃须刀，以革命性技术告别开关键，实现一触即启，并且剃完胡须后还能自动进入休眠模式，避免忘关开关导致的长时间空转。飞科研发的吹风机则采用热量均衡、智能风温记忆、双重防过热保护等技术和功能，给用户带来了更好的使用体验，满足了用户个性化的造型需求。飞科的这些创新型产品已迅速成为引领行业趋势和潮流的现象级产品，并显著影响了小家电行业的研发设计方向。上海连成（集团）有限公司（简称"连成""连成集团"）自主研发的"水冷却式低噪声离心泵"属国内外同行业首创。雪伦一直专注于女性乳腺健康事业，对义乳的研发已历经四代，从仅仅具备乳房轮廓，到材料的创新升级、对功能和舒适性的提升，再到仿真定制义乳，所有的创新都是围绕用户的需求。水星家纺致力于让中国人睡个好觉，为此在被芯产品的材料、功能性、健康度、舒适度等方面不遗余力地钻研，相继掌握了一系列专利技术。近年来，水星家纺致力于将艺术、科技与材料完美结合，研发推出了"丝路传奇被""黄金搭档被""阿宅一体被""五谷纤维被"等明星产品。

变革营销模式

20世纪80年代创建的温州民企，大多依托专业市场的营销模式。20世纪90年代后，温州民企纷纷走出这一模式，采用特许经营、连锁专卖、总代理、总经销、展览会等方式，建立起自己的营销体系，这对于提高交易效率、扩大品牌影响力起到很大的促进作用。2010年之后，"互联网+"时代的到来促进了电子商务这一商业模式的发展。电商新模式以产业链、供应链为纽带，通过信息技术赋能，带动上下游企业协调创新。上海温商企业积极应对营销环境的深刻变化，不断创新企业营销理念和营销战略，通过天猫、京东、苏宁易购、唯品会等电商平台发展自营电商，逐步建立自己的流量库和粉丝群。5G时代来临后，抖音、快手、小红书、哔哩哔哩、喜马拉雅等大型自媒体平台快速上线并呈现出多元化发展态势，瞬间俘获了大量的群体，深入了多个圈层，兼具媒体和消费属性的直播电商成为一种新的营销模式，并且在新冠肺炎疫情发生后迅速壮大。上海温商企业也纷纷涉足自媒体新平台，充分利用这一新模式。飞科在行业中率先搭建抖音蓝V自直播电商运营阵地，结合视频内容运营、直播信息流投放和直播间运营，形成常态化内容社交平台品效合一的营销模式。针对不同用户群体，飞科采用个性化、定制化的直播内容和方式，给用户推荐不同的产品，实现直播账号和产品销售的精细化。在近两年的多个节日活动期间，飞科持续位列品牌和类目榜单第一，创造了多项个护电器抖音自播销售新纪录。荣泰健康与天猫、京东、苏宁易购等传统电商合作，已连续多年在天猫和京东的"618"和"双十一"自营按摩椅行业类目中位列第一。随着直播、短视频等传播模式的兴起，荣泰健康构建了"头部主播+达人主播+店铺自播"的直播体系，与李佳琦、罗永浩等头部主播的合作，给品牌和产品带来了极大的流量和销量。

当前的消费结构以年轻人为主。为抓住年轻人的心，把握年轻人的需求，上海温商企业推出了一系列新的营销方式。例如，飞科在情人节、"520"、父亲节、七夕、春节等节假日，推出大量内容化和情感化的图文、短视频和温情剧，通过情感营销，在产品"借景生情"和消费者"触景生情"的心灵碰撞中，引发消费者与品牌之间的共鸣，产品销售的社会和情感价值得以深度挖掘。融入国潮文化或流行潮玩也是深入年轻群体的重要方式。水星家纺致力于将艺术、科技与材料完美结合，与敦煌博物馆联名推出了一系列荟萃国风元素的家纺产品，赋予了被芯产品更多的文化内涵和品牌价值。公司还与拥有年轻气质的钟薛高开展跨界合作，推出"雪糕被"产品，刷新了年轻消费者对传统家纺的固有认知。荣泰健康与迪士尼漫威合作，将其元素融入产品设计，推出了黑豹按摩椅、大白按摩椅、蜘蛛侠口袋筋膜枪等多款联名产品，带来了可观的销售转化。锐力体育开拓思维，并没有局限于体育用品零售这一个业务，而是广泛地尝试与体育有关的各种内容的探究。2015年，为了给顾客提供多方面、沉浸式的体验，锐力体育成立了羚跑跑步俱乐部（Hioryx Running Club）、女子俱乐部、篮球俱乐部、收藏家俱乐部、飞翔俱乐部、街头俱乐部等，成为瑜伽、篮球、街舞多种运动项目爱好者的聚集地。在销售产品的同时，锐力体育不断增加与客户之间的黏性，从各种角度渗透进受众的生活。随着数字时代的到来，上海温商企业也积极探索通过数字化方式创新营销模式。正新集团旗下上海火码信息科技有限公司（简称"火码科技"）开发了自家品牌点餐小程序，构建了"营销—到店—消费—会员—外卖"的完整闭环。注重体验的锐力体育结合太空漫游的科技未来感，延续一贯的"太空俱乐部（Space Club）"空间概念，引入"超银河（Ultra-Galaxy）"概念，由星际穿越来到超银河时空，带来全新的视觉震撼和潮流体验，让顾客初涉元宇宙消费新体验。

创新服务社会

改革开放40多年来，温商群体凭借敢闯敢拼的创业精神，分享了中国经济成长的红利，涌现出许多创业精英和企业家。作为先富起来的民营企业家，上海温商深刻地认识到，只有国家好、社会好，企业才会好，企业的一切创造和创新，都应服务于民族复兴、国家发展和社会进步。

企业社会责任已经被纳入上海温商企业的发展愿景和战略之中。卡罗尔在其提出的企业社会责任金字塔模型中指出，企业社会责任从下往上共包括四个方面责任：经济责任、法律责任、伦理道德责任和慈善责任。企业的经济责任是企业的责任底线，如果一个企业、一个组织无法为社会创造利润，那么无论其愿景多么伟大，理想多么崇高，失败都已经是注定的事。近年来，上海温商企业围绕创新驱动发展要求，积极制定科学的经营战略，不断提高产品的技术含量，持续增强企业和品牌的市场竞争力。2022年上海企业100强中，上海温商企业均瑶集团、中通快递上榜。此外，华峰铝业、凯泉泵业、华峰超纤、飞科电器、东方泵业、水星家纺、熊猫集团、荣泰健康、连成集团、永进电缆等10家企业荣膺"上海制造业企业100强"。

法律责任方面，上海温商企业切实遵守法律法规、社会公德、商业道德以及行业规则，反对不正当竞争，树立合法经营形象。例如，凯泉泵业是上海"守合同重信用"企业，获上海市合同信用促进会颁发的2018—2019年度上海市合同信用等级AAA级。连成集团守法经营，是嘉定区的"纳税大户""文明企业"，连续多年被评为中国企业信用评价AAA级信用企业。2008年，三聚氰胺事件使得食品行业产业链受到冲击，丁长光呼吁纤维素醚行业协会尽快建立行业技术委员会，提高产品安全质量，并表示长光人将严格遵守食品安全法，安全生产、规范经营，严格执行行业标准，主动接受社会监督，自觉严把产品质量关，切实履行企业的生产安全主体责任，确保食品安全，争做"食品安全的卫士"。

伦理道德责任方面，上海建桥学院力求为学生建成才之桥，为员工建立业之桥，为社会建育人之桥，强调回报社会、善待同行、关心员工。学校的一大特色是将雷锋精神作为立校之本，致力于培养"雷锋式大学生"，不仅在校园矗立雷锋铜像、设立雷锋纪念馆，还在校内外积极开展学雷锋活动，培养出了一大批术业有专攻且道德高尚的新时代新青年。均瑶集团开创性地参与教育改制，实施集团化办学，这既能弥补公共教育财政对教育投入的不足，也能把优质资源和典范模式传播出去，让更多适龄学生接受更好的教育。熊猫集团则根据国家发展需要，以"一十百千"工程打造人才培养梯队，弘扬精益求精、勇于创新、薪火相传的工匠精神。

慈善责任是企业社会责任的最高体现。上海温商企业积极参与各种公益活动和慈善事业。李丏腾出任上海温州商会会长后，立即启动温州市在沪温商慈善基金会，践行"商行天下、善行天下、智行天下"的温商发展理念。均瑶集团坚持"义利兼顾、以义为先"的原则，自觉履行社会责任，将企业发展与社会责任有机融合，使其相辅相成，致力于为社会创造价值。在王均金的带领下，均瑶集团先后投入20多亿元用于光彩项目帮扶、20多亿元用于教育事业，累计惠及贫困人口及弱势群体50多万人。均瑶集团在贵州望谟的扶贫案例"小板栗坐上了大飞机"荣获中国企业精准扶贫综合案例50佳。中通快递通过抢险救灾、爱心助学、免费寄递、运输疫情防控物资等多类公益活动积极回报社会。雪伦通过从乳腺癌患者中选拔爱心大使、举办"雪伦杯"、设立"雪伦奖学金"等公益善举，帮助更多患有乳腺癌的女性得到健康指导与内心支持。林凯文建立了林凯文教育基金会，自2003年以来已累计出资超千万元，帮助千余名学生完成了学业，实现了梦想。连成集团董事长兼总裁张锡森带头参与"希望工程"和其他公益事业，获得嘉定区首届"慈善之星"称号。

特别需要指出的是，在抗击新冠肺炎疫情的斗争中，温商企业以创新服务社会，发挥了独特的作用。每日互动就在疫情防控中发挥重要作用。2020年1月19日，在国家卫健委首次通报新冠病毒不排除有限人传人可能时，每日互动就组建了全国第一支大数据抗疫团队——"个医"，并与李兰娟院士团队共同合作，连续作战，做出高精准疫情趋势图。这样的"大数据＋流行病学"的创新，为疫情防控提供了重要支持，一方面将敏感的传染源第一时间锁定隔离，另一方面帮助政府决策物资投放和管控，实现了疫情的可追溯、可预测、可视化和可量化。此后，每日互动也在政府相关部门的指导下，参加了杭州市健康码专班，成为全国首个健康码赋码引擎开发者。正新集团积极发挥其供应链上的优势，疫情防控期间为上海全域的社区提供团购服务，每天配送1 000个团的货物，团队约50人有序进行接单分拣，10台车进行接力配送，时效可做到当日达、次日达，每日最低5万份物资交到社区居民手中。此外，正新集团充分发挥旗下圆规物流的冷链优势，积极申请成为上海保供餐企，将不加价物资配送至千家万户。

一个14亿人口的发展中大国实现现代化，是人类历史上前所未有的伟大变革。如何让科技创新这一"关键变量"成为推动中国高质量发展的"最大增量"，企业理应发挥重要作用，而创新主体的实力水平也直接决定了一个国家和区域的创新能力。熊彼特指出，企业是实施创新行动的重要组织，企业家是富有冒险精神并实施创新行动的个人，企业家精神作为一种关键生产要素，通过改变生产函数，实现产出增加。可以说，企业作为市场竞争的主体，对市场需求变化、产业发展形势、技术演化趋势等最为敏感，在技术创新和成果转换应用中的作用日趋显著，并成为创新驱动发展的主体力量。

民营企业作为我国数量最多的市场主体，发展模式已逐渐从投资驱动转向创新驱动，成为推动科技创新的生力军。2023年3月6日，习近平总书记在看望参加政协会议的民建工商联界委员时强调："高质量发展对民营经济发展提出了更高要求。民营企业要践行新发展理念，深刻把握民营经济发展存在的不足和面临的挑战，转变发展方式、调整产业结构、转换增长动力，坚守主业、做强实业，自觉走高质量发展路子。有能力、有条件的民营企业要加强自主创新，在推进科技自立自强和科技成果转化中发挥更大作用。"2022年以来，国家支持鼓励民营企业开展科技创新的政策也相继出台。2022年8月,科技部、财政部联合印发《企业技术创新能力提升行动方案(2022—2023年)》,提出"健全民营企业获得创新资源的公平性和便利性措施,形成各类企业'创新不问出身'的政策环境";2022年11月,国家发改委发布《关于进一步完善政策环境加大力度支持民间投资发展的意见》,提出"支持民营企业承担国家重大科技战略任务""鼓励民营企业立足我国产业规模优势、配套优势和部分领域先发优势,积极加大先进制造业投资,持续提升核心竞争力"等举措。

面对国家的期待和时代的召唤,作为中国民营企业中一支重要力量的上海温商企业,必将继续勇立潮头、不负时代,不断创新发展,推动我国在全球价值链中的不断跃升,努力成为我国现代化经济体系的重要基础和实现中国式现代化的有生力量。

科技创新引领小家电国潮之路

——上海飞科电器股份有限公司

　　FLYCO飞科,中国个人护理电器领军品牌,由李丐腾先生于1999年创立。20余年来,飞科始终坚持以科技创新和品牌运营为核心竞争力,多年稳居中国行业市场综合占有率第一,相继取得"中国家电艾普兰奖"、国际"IF设计大奖"、"红点设计大奖"及"上海民营制造企业100强"(2022年第35位)、"BrandZ™最具价值中国品牌100强"、"全球电动剃须刀销量第一品牌"等殊荣,是中国消费品领域当之无愧的国潮品牌代表。

　　回顾飞科20余年发展历程,飞科产品一步步成为国货潮品,其中的每一步都体现着创始人李丐腾高瞻远瞩的战略眼光和精准卓越的战略布局。从1999年潜心打造出国内第一只双头电动剃须刀,改写了中国只能生产低档单头剃须刀的历史,到2020年全线产品实现智能化、时尚化迭代,在引领国货潮流的路上,飞科始终坚定科技创新引领时尚的发展路径。2020年以来,面对复杂的国际环境和疫情带来的影响、消费信心不足、市场竞争加剧等多重挑战,飞科逆势启动品牌升级战略,以技术创新和高颜值设计

飞科创始人、董事长　李丏腾

实现产品高端化，通过研发创新推动产品智能化、时尚化、年轻化升级，通过营销创新推动营销模式 C 端化、内容化、直供化升级，为飞科下一个阶段的快速发展打开了新局面。

"高创新 + 高颜值"激活研发新引擎

创新就像阿基米德撬动地球的杠杆，总能创造令人意想不到的奇迹。李丏腾始终认为，创新是企业保持核心竞争力的唯一途径。在"通过技术创新和高颜值设计驱动产品高端化，实现品牌升级"的战略引领下，飞科大幅提高研发投入，2021 年，公司研发费用同比增长高达 78.12%，近三年研发费用复合增长率超过 30%；同时紧贴消费者需求，将前沿关键技术应用于研发创新，推进高创新产品迭代。飞科现拥有国家级实验室、国家级工业设计中心、六大创新研发中心，拥有 300 多名研发工程师和 800 多项自主创新专利。飞科在智能化、国潮化的创新理念下，全球首创智能感应剃须刀及具有颠覆性设计的"太空小飞碟"便携式剃须刀，使其迅速成为引领行业趋势和潮流的现象级产品。

随着科学技术、推广传媒和社会消费结构的发展变化，飞科紧跟前沿的智能化、时尚化的发展趋势。以消费年轻化的理念和思维，飞科按科技、经典、潮流、文化艺术四大方向推进产品个性化、年轻化、智能化、时尚化，致力于让新产品成为年轻化消费、朋友圈分享的乐趣话题。李丏腾谈道："个人护理电器产品**具有极高的设计价值和创新空间，飞科要把仅满足于功能需求的产品打造成为高科技时尚产业，让智能科技为消费者创造更加美好的生活**。"

智能制造生产线之一

智能制造生产线之二

"C 端化 + 直供化"开辟营销新蓝海

2016 年 4 月，飞科电器上市，成为上证 A 股第一家个人护理电器上市企业。但这时候，李丏腾却选择放弃已有的传统经销商体系，另起炉灶重构线上、线下相结合的自营销售渠道。

李丏腾深知，面对新兴年轻品牌涌入、电商渠道冲击传统经销商体系等严峻挑战，不提早转型拥抱前沿的电商模式，未来会更加艰难。**实体制造业跨界做电商的大胆尝试，靠的不是企业规模，而是创新基因**。在质疑声中，他提出"要改变营销模式，拉近与消费者的距离，提高产品销售的渗透力，通过渠道的自营化改革来实现产品高端化升级"。随之开展了线上、线下渠道营销模式全面的创新升级。

线上渠道，飞科在全平台大力发展自营电商，精准打造飞科的硬流量，两年间迅速完成从经销为主向自营为主的切换。线上自营不仅能够及时有效掌握市场需求和分析消费者偏好，为消费者提供更精准、更良好的服务和体验；更能有效控制产品销售结构、维护品牌形象，为产品研发创新提供支持，助力品牌升级战略实施。同时，李丏腾开创性地打造**"内容情感营销"**模式，将"通过产品传递情感"的理念融入飞科品牌文化，深度挖掘"智能感应"剃须刀和"太空小飞碟"便携式剃须刀等爆品的礼品属性，将产品作为消费者在情人节、"520"、父亲节、七夕、春节等节假日表达情感的载体；同时利用新媒体传播特征，推出大量情感化的图文、短视频、温情剧等，结合抖音平台的多账号、多店铺同播矩阵运营，持续激发消费者与飞科品牌的情感共鸣，呼应消费者无处不在的情感诉求，在提升品牌温度、品牌内涵和品牌形象的同时助推产品销售，实现品效合一。

线下渠道，飞科调整原来的销售模式，将线下销售调整为 KA 终端、区域深度分销商和体验店，强化销售终端数字管理，探索出线下渠道管理精细化、网格化、标准化，终端销售突出"场景营销、氛围营销和产品力营销"。飞科构建了高效的线下营销体系和完善的售后服务体系。

战略升级，国货潮品之路

2001 年，品牌营销概念鲜为人知，李丐腾毅然决定在央视和各大卫视的黄金时段投入大量广告，这一番高举高打、层见叠出的品牌运作，使飞科剃须刀的名号席卷全国，市场知名度、影响力迅速提升。多年来，在国内市场独占鳌头之势早已使飞科成为一个深入人心的"硬核品牌"，大众纷纷为其贴上了"老国货""优质剃须刀""高性价比"等标签，早期消费人群也以"60 后""70 后""80 后"为主。

行业内的龙头、捆绑式的标签以及多年的口碑宣传，足以让飞科在剃须刀行业长期保持佼佼者的地位。但创始人李丐腾在看到强势品牌带来高销量的同时，也清醒地意识到小家电市场竞争日益激烈、"95 后""00 后"消费群体崛起及年轻人消费观念转变都在倒逼飞科从品牌形象上开启"老牌国货"到"国货潮品"的转型之路。

在李丐腾的带领下，经过多年的创新发展，飞科现已拥有电动剃须刀、电吹风、理发器、鼻毛修剪器、毛球修剪器、直发器、卷发器、美姿电器、电动牙刷、冲牙器、电熨斗、挂烫机等 20 多个品类。飞科从剃须刀的"代名词"发展成为个人护理电器领军品牌的国货潮品。

品牌战略升级为飞科撕掉了原有的标签，智潮的融入让飞科成为"95后""00后"更加喜欢的国货潮品。20多年的发展让飞科的产品跨越两代甚至三代消费者，近年来飞科将产品创新的目光和主要消费目标聚焦在新崛起的"Z世代"，用新的思维研究、看待和服务这一年轻群体。新一代消费者对产品的要求不同于他们的父辈，比起实用性，更能吸引他们的是外观的科技感、潮流感以及使用的体验感。"70后"的李丐腾洞悉"Z世代"消费者的心理，深知现在年轻人"追求个性化"及对"品牌忠诚度高"等消费特征，随即开启了品牌联名之路。在新产品外观设计上融入迪士尼动漫IP元素的创新，让科技不再是冰冷机械感的代名词，让"老牌国货"实现了"新式国潮"的蝶变升级，让飞科品牌成为年轻人的话题、朋友圈的分享、生活中的乐趣。

此外，飞科正积极融入国家"一带一路"建设，加快推进品牌国际化，加紧布局东南亚、中东等海外渠道，建立全球化销售

蜘蛛侠联名版"太空小飞碟"剃须刀

草莓熊联名版
高速电吹风

飞科上海总部

科技创新引领小家电国潮之路

网络。未来，飞科将以更优异的品质、更尖端的科技、更时尚的设计努力拓展国际市场，打造具有世界级竞争力的全球智能时尚电器著名品牌。

面对小家电行业的激烈竞争，要引领小家电向国潮转型升级，研发创新是核心，品牌转型是关键，营销变革能加分。作为拼搏创业、奋发有为、锐意进取的杰出温商代表，李丏腾始终以一种不服输的温商精神在创业、创造和实践。正如他所说："**每一次危机，对飞科来说都是倒逼变革创新的机遇。创新是融入飞科血液的核心基因。**"2020年，李丏腾荣任上海温州商会会长，引领在沪温商继续发扬坚韧不拔、勇立潮头的精神，做开放发展的推动者、创新发展的领军者、共享发展的践行者。

飞科，这家极具创新基因的科技型品牌企业将继续围绕"研发创新"和"品牌运营"两大核心竞争力，在小家电国潮发展之路上努力提升"上海制造"的含金量，让中国民族品牌畅销全球。

【专家点评】

在当今日新月异的技术环境下，企业要想实现基业长青，就必须紧跟时代步伐，不断拥抱技术变革。只有不断创新，不断提高技术水平，企业才能在激烈的市场竞争中脱颖而出，实现长远发展。

飞科电器作为一个本土创建的个人护理电器品牌，不畏市场风云变化，主动拥抱变革，不断在技术、产品、渠道和文化等方面进行多维度的持续创新，实现了企业品牌20年的长盛不衰。

飞科电器能够主动拥抱变革离不开以下三个关键因素：

一是领导人的敏锐洞察力。当今时代，科技的发展速度越来越快，科技创新也越来越重要。飞科电器的创始人李丏腾始终保持敏锐的洞察力，不断学习新技术和趋势，占领了先机，让产品在市场上保持了领先地位。

二是拥有强大的技术实力。飞科电器正是拥有了一支优秀的研发团队，才有实力拥抱技术变革。同时飞科电器采取"引育结合"，在不断引进新的人才和技术、积极探索和应用新技术的同时，加强技术培训，提高员工整体技术水平，适应新技术的应用和发展。

三是艺术文化提升品牌价值。在现代社会中，艺术文化已经逐渐成为企业产品研发的一个重要手段。艺术文化具有多种优势，如提升产品的设计美感和用户体验、扩大产品市场等。飞科电器将艺术文化融入企业产品研发、品牌价值内涵，提高品牌影响力和品牌忠诚度。

纵观飞科电器的发展，主动拥抱变革、全方位多维度地持续创新已经变成企业的成长基因。当创新这一核心价值观并不仅仅是企业的宣传语，而是支持企业经久不衰走下去的最根本的核心理念，被企业每一个人深深地信仰、长时间地保存，并将它融入生活时，这个企业离基业长青就不远了。[赵晓蕾，联合国工业发展组织投资与技术促进办公室（上海）主任，上海投资促进中心主任］

数据改变每日生活

——每日互动股份有限公司

当前正处于数字经济时代,数据已成为这个时代的"石油",而挖掘数据"石油"的过程就像"炼油"一样,其产品能够为各行各业赋能。党的十九届四中全会《中共中央关于坚持和完善中国特色社会主义制度 推进国家治理体系和治理能力现代化若干重大问题的决定》首次增列了"数据"作为生产要素,反映了数据在数字化转型升级中对提高生产效率的乘数作用。可以说,在数字化赛道上,将原始数据加工为信息和知识成为大国博弈的核心技术。成立于2010年的每日互动股份有限公司是数据行业的引领者,依托强大的数据积累和数据处理能力,这家公司以小窥大,形成了独特的竞争优势,已成为移动互联网行业的知名上市企业,是长三角最具创新力的科技公司之一。

创始人、CEO 方毅

被逼到墙角的创新

每日互动的创始人兼 CEO 方毅出生于温州，穿着精神、做事干练、死磕技术，还时常带点幽默和搞怪。"80 后"的他，受到杭州浓厚的创业创新氛围和学长成功事迹的影响，2005 年在浙江大学攻读研究生时，就希望快速开启创业生涯。当时，方毅的一些学长已投身商海，学长年获百万元营收的故事让他很是羡慕，也增加了他的自信："他们长得没我帅，学得没我好，他们都能赚 100 多万元，我肯定能赚更多。"于是，方毅拿着 3 万元在一间简陋的民房里开始创业。十几平方米的办公室里只有几张二手桌子和几台电脑。

方毅的创业从"备备"发展到"个信"，再到"个推"。研发移动数据备份设备是他的第一次创业尝试，这来自曾经让他和大部分人都头疼和苦恼的一件事。在智能手机推出之前，手机的主要功能是电话和短信，通信录是当时手机中的重要资料。可一旦手机丢失，通信录就随即"失联"了，很难备份。当时，大多数人的做法是将手机中的每一个联系方式都手抄在一本本子上，以防万一。

为解决这一问题，方毅和他的团队没日没夜地开发，在高呼"做不到"和坚定"我要做到"的相持中，在趴下去和跳起来的循环中，坚持不懈地敲代码，终于将适用于 1 000 多种手机、40 多个平台的备份软件写进了不到 24K 的代码里——"备备"问世了。它在手机充电时可自动备份通信录，在手机丢失或损坏时，可将备份的通信录恢复到手机中，实现无知觉备份。不过，好景不长，2007 年，谷歌开发出安卓系统，智能手机的来临让备份变得容易，备备的施展空间缩小了。

创业时期的测试手机

方毅只得转移目光，开始聚焦移动通信领域，希望通过移动互联网流量通道实现消息的免费发送。2010年，一款名叫"个信"的新产品被成功研发出来，比微信还要早一年。不过，微信诞生后，借助QQ的庞大资源，在2011年底就突破了5 000万用户，微信的迅速崛起给了个信极大压力。一头"巨象"冲来，使"小蚂蚁"个信很快就失去了大部分市场。如何与中国的移动互联网发展共进？如何与现存的互联网巨头共生？这是方毅和他的团队迫切思考的问题。他们共同决定，放弃"个信"，抽取其中的核心技术，转做"个推"，专注于研发手机推送技术。用他们的话来说，互联网企业专注"挖矿"时，他们从旁"送水"。

也是在2010年，每日互动股份有限公司成立，成为国内第三方消息推送市场的早期进入者和开拓者。2012年的伦敦奥运会，每日互动和新浪微博合作，为每一位新浪微博App用户第一时间推送金牌消息，完成了国内首次在重大新闻发生后手机第一时间收到通知栏消息的推送。之后，随着3G、4G、5G等新一代通信技术的快速迭代，App的开发进入了爆发期，这给"个推"的发展带来了很大的机遇。每日互动专注于推送技术的研发和创新，在行业内率先推出了省电、省流量、高并发、高吞吐的消息推送解决方案，随着产品的不断打磨和技术的优化升级，"个推"又融合了大数据人群属性分析、LBS（Location Based Services，基于位置服务）地理围栏分析等核心技术，创造性地将消息推送、用户画像、应用统计等开发者服务模块组合在一起，构建更加智能的移动开发者技术服务平台。目前，推送技术已成为每个App的必需品，"个推"也成功服务于新华社、《人民日报》、新浪微博等主流媒体，以及京东、美团、爱奇艺、今日头条等诸多知名App。可以说，"个推"的发展见证了中国互联网行业的时代变迁。

聚焦数据智能赛道10余年，每日互动从一家以消息推送服务起家的公司发展成为一家专业的数据智能服务商，致力于用数据让产业更智能。每日互动构建起"数据积累—数据治理—数据应用"的服务生态闭环。以开发者服务为基础，公司不断夯实数据底层，强化数据能力，为互联网客户提供便捷、稳定的技术服务与智能运营解决方案。同时，通过构建数据中台——"每日治数平台"，向各行各业输出数据挖掘、萃取和治理能力，帮助合作伙伴将数据资源打造成为数据要素资产，并进一步实现数据的价值兑换。多年来，每日互动将数据能力深度运用于各细分业务场景，沉淀了深厚的行业知识和丰富的服务经验，并打造了面向企业和政府部门的一系列数据智能产品与解决方案，助推各行业数字化升级。2019年3月，每日互动登陆创业板，成为国内率先在A股上市的"数据智能"企业。

以"数智绿波"提升通行效能

在城市里,不少人早晨烦恼的一件事就是堵车,堵车如发生在下雨的周一,则更是令人感到一丝"绝望"。拥堵已成为全球范围内一个非常突出的城市病,中国也不例外。当前,经济发展和城镇化的推进使中国人口继续向城市集聚,汽车保有量和驾驶人数激增,给城市交通带来巨大压力。

有时,十字路口一边堵车,另一边却出现空放,或者,当人们开车在一个十字路口"碰"到红灯时,接下来的十字路口都会是红灯。交管部门和每日互动发现,拥堵背后,是城市路口和路段的数字化建设、智慧交通协同性、数据共享体系等方面存在问题。这些问题的产生主要由于城市道路的通行仍然以人工经验为主,缺乏大数据的支撑。

对于这一痛点,交通智慧化的呼声日益高涨。每日互动面向智慧交通领域打造了"数智绿波"产品,利用大数据智能化手段,全面分析路口车流,提供单点优化方案,提高路口利用效率。在此基础上,"数智绿波"还能综合信控周期、周边场景、道路车流方向、行车速度等因素,智能推荐出多时段的绿波方案,并计算出最佳信控参数,再通过区域的绿波协调控制,进行绿波的调度和下发,保障车辆能够全时段绿波通行,减少红灯等待和停车次数。驾驶员正常开车时,每到达一个路口都会正好遇上"绿灯",实现"最多停一次"目标,从而提高了通行效率。这就是人们一直说的"绿波带"。

相较于传统配时方案,"数智绿波"产品可根据路面的交通流数据进行快速优化,而非传统配时下的固定方案,其实用性、灵活性更高;相较于人工协调的绿波方案,"数智绿波"产品以交通

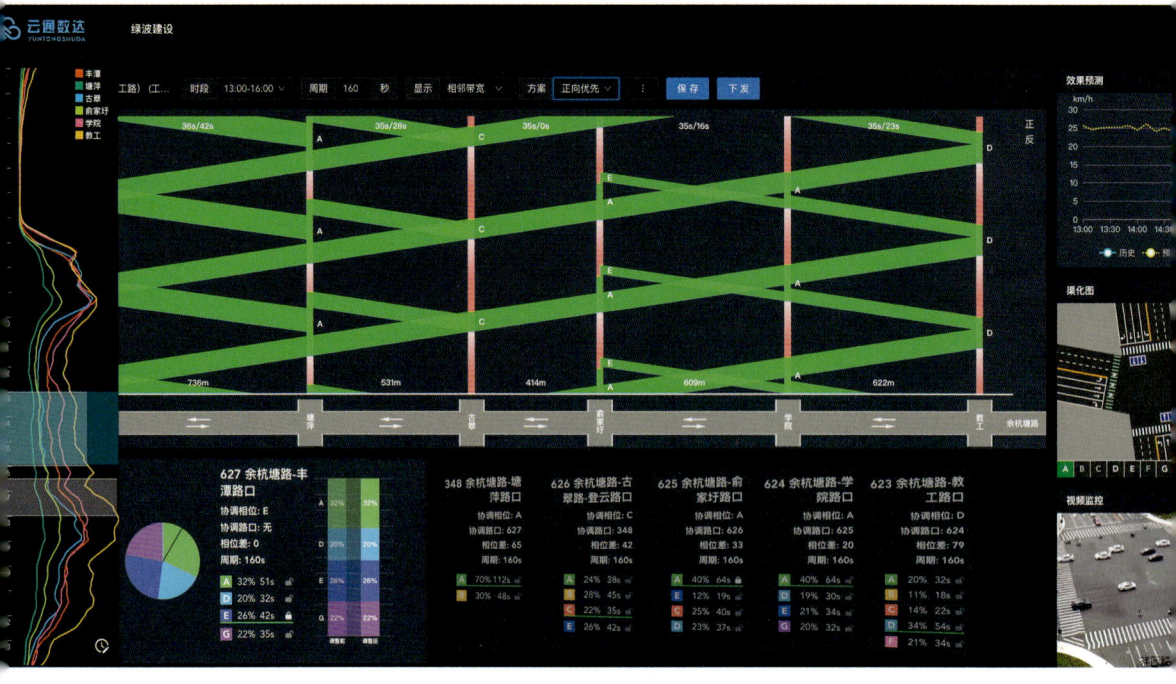

"数智绿波"产品

流数据和智能算法为支撑，大大减轻了对专家经验的重度依赖，操作也更加简单，一线交警无须掌握复杂的代码，仅需通过1小时的简单培训，即可熟练掌握系统使用方法，可实现绿波方案的一键配置，也可以通过拖拽方式进行单路口、路段的精细调整。与此同时，"数智绿波"可基于整个区域进行整体协调管控，避免各路口、路段缺少系统化思考进行局部优化而导致区域交通整体陷入低效的情况。

"数智绿波"首先在杭州得到应用。2022年开始，每日互动与杭州各区交警大队共创并加强了绿波带建设，将3—5个路口作为一组，把线变成面，提速达到20%左右。目前，杭州建有绿波带200多条，里程数达到300多千米，遍布杭州城区。杭州市民在日常出行中，不知不觉间就享受到了绿波带带来的畅通便利。此外，

"数智绿波"也在温州、湖州等地成功试点。据计算，通过数据智能一键生成绿波带控制方案，优化道路交通，平均一辆车在一个路口可以减少大约 8 秒钟的等待时间。未来，每日互动还将通过 Wi-Fi 感知系统或其他新的感知路况的系统，以大数据和更精细的方式实现闭环，进一步降低城市交通智能化的建设成本。

每日互动在高速交通方面也有所施展。目前公司正与浙江高信技术股份有限公司深度合作，以自主研发的 DiOS 数据智能操作系统助力其进一步深化高速公路信息化业务；同时建立高速公路异常情况下的预警系统，积极参与高速公路抛撒物等异常情况的治理工作。具体而言，每日互动利用高速"龙门架"ETC（Electronic Toll Collection System，电子收费系统）数据，计算出每辆车进出的瞬时速度及两个"龙门架"间的区间速度，并根据"龙门架"之间的车速及车流变化，结合高速公路摄像头，快速发现高速公路特定路段的问题并及时预警，降低高速公路事故风险。高速公路异常情况下的预警系统已经能在一分半到两分钟左右的时间内发现异常情况路段，并在事故发生前的二至十分钟告知高速交警。未来，每日互动将进一步深挖高速交通的治理场景，为提升高速公路信息化、降低高速公路事故率而努力。

以科技力量助力公共服务

除了为互联网企业、城市建设提供数据和技术服务外，每日互动也与各级政府和企事业单位积极合作，为公共服务提供数据支撑，在防灾减灾、应急事件处置等方面给予快速响应。

通常，一些地区如马上要发生地震，居民的手机会迅速收到推送，显示震源深度和到达时间。灾害来临时，时间就是生命。每提前1秒钟，就意味着更多的人能够成功逃生。这几年，这一重要的生命"推送"已在中国的一些地方成功挽救了许多人。

2019年6月17日，四川省宜宾市长宁县发生6.0级地震，震源深度16千米。在地震发生时，宜宾、成都、重庆等多城区发出地震预警。其中，宜宾提前10秒，成都高新区提前61秒，重庆提前44秒。2021年5月21日，云南大理州漾濞县连续发生多次地震，最高震级达6.4级，昆明、丽江、大理等地的民众也提前数秒到数十秒收到了地震预警，实现"预警比地震横波先到"。2022年9月5日，四川省甘孜州泸定县发生6.8级地震，每日互动为地震预警提供技术支持，距震中53千米的康定市预警时间7秒，距震中99千米的雅安市预警时间20秒，距震中161千米的乐山市预警时间36秒，距震中176千米的眉山市预警时间40秒，距震中221千米的成都市预警时间50秒，居民收到预警后紧急避险。

电视弹窗、社区喇叭的途径是有限的，通过手机接收地震预警信息是目前能够打破硬件设施和传播范围限制的最有效途径，可以实时并点对点地把预警信息传递到每个需要的人手中。如何打通灾害地震预警信息"最后一公里"，让公众针对地震预警信息能及时有效应对灾害，是每日互动和减灾所等相关单位一直在努力的方向。2013年，每日互动与中国地震台网中心联合推出"地震速报"App，当地震被监测到以后，App能秒级推送信息给受灾区域的用户，并在第一时间提供地震烈度分布、人群分布等报告，为紧急事件处理提供数据支持。这一重要技术也让每日互动获得由中国地震台网中心授予的"防震减灾科技成果奖"。2017年，每日互动在国家预警信息发布中心、中国地震台网中心等指导下，以及成都高新减灾研究所的参与下，成立了中国移动互联网公益推送联盟，联合诸多互联网领先App一起发力，让地震预警在移

每日互动牵头成立中国移动互联网公益推送联盟

动互联网世界可以高效、快速地覆盖更多用户。

每日互动也在疫情防控中发挥重要作用。2020年1月19日，在国家卫健委首次通报新冠病毒不排除有限人传人可能时，每日互动就组建了全国第一支大数据抗疫团队——"个医"，并与李兰娟院士团队共同合作，投入抗击新冠肺炎疫情的战斗中。疫情暴发初期，确诊人数和疑似人数的增长速度超出了很多人的预期，恐慌情绪一度蔓延。当时最重要的是发现那些"无意识密集接触者"，这个定义是由李兰娟院士团队和每日互动的"个医"团队共同提出的。联合团队自19日开始，连续作战，做出的疫情趋势图与真实情况的拟合度越来越高。这样的"大数据+流行病学"的创新，为识别和分析"无意识密集接触者"及疫情防控提供了重要支持：一方面第一时间锁定隔离敏感的传染源，另一方面帮助政府决策物资投放和管控，实现疫情的可追溯、可预测、可视化

1月28日,每日互动"个医"团队与李兰娟院士团队召开课题研讨会

和可量化。之后,大数据在疫情防控中的作用得到各相关部门的重视,每日互动也在政府相关部门的指导下参加了杭州市健康码专班,成为全国首个健康码赋码引擎开发者。

当前,各国越来越重视包括大数据在内的新兴技术的发展,大数据成为大国竞争和博弈的前沿领域。美欧等国持续加大对大数据的投入,中国则提出建设数字中国、大力发展数字经济等议题。作为数据智能领域的创新者和实践者,每日互动坚持"每日生活科技改变"的初心使命,积极通过技术和数据的力量创造价值。"个推"的"个"状似一个向上的箭头,代表着积极向上,将技术做到极致,这既是方毅从创业以来不断前行、走向成功的精气神,也是面向未来打造核心竞争力和创造社会价值的两大品质。对内,每日互动将继续死磕技术,持续重视研发投入和人才培养,以强劲的研发创新实力和稳定的优质人才队伍为公司的产品方案研发、业务拓展、客户服务等保驾护航。对外,每日互动将以积极姿态助力社会公益，为智慧交通、防灾减灾、公共卫生等公共服务领域的"数智"应用提供更有价值的支撑，在数据智能的赛道上，敢为人先、奋勇前行，为产业赋能，为行业探路，为人民谋利，为中华民族伟大复兴做出独特的贡献。

【专家点评】

当前，数据已经成为和土地、劳动力、资本、企业家才能并重的生产要素。受益于企业层面的创新，数据效能被逐步释放，并日益深刻影响着人们的生产、生活。每日互动正是推动此变革的典型企业之一，其成长历程对于致力于数字化创新、创业的企业有诸多启示，以下三点较为显著：

其一，数字化创新需要有能够被广泛应用的商业化技术支撑。许多划时代的技术变革，如互联网、移动通信、机器人技术，乃至当下最受关注的人工智能都普遍经历了从简单的商业化应用起步，再不断升级迭代，最终走入千家万户，实现对生产、生活方式的重塑。每日互动从消息推送业务找到市场突破口，继而专注于推送技术的研发和创新，不断开拓相关商业和公共服务领域的应用场景，成为"数智"服务专家，就是一个创新技术实现广泛商业化应用的写照。

其二，创新是一个及时洞察市场趋势，主动转型、不断试错的过程。每日互动在发展初期推出的"备备"和"个信"两款产品由于受到智能手机发展浪潮以及即时通信行业巨头的冲击，其发展空间被挤压得越来越小。然而，面对困境，每日互动快速洞察且及时捕捉到与中国移动互联网共进发展的机遇，并利用此前产品的核心技术，主动转型研发新的产品，以适应与现存互联网巨头共生的状况。正是基于这样的发展策略，每日互动继"备备"和"个信"之后，再次推出了"个推"，并借助通信技术的快速迭代以及手机 App 爆发式增长的机遇，通过不断摸索、持续创新及适时转型，最终找到了适合自身的发展路径。

其三，企业应致力将数字化创新服务于社会的可持续发展，实现和社会发展共生共赢。当前，社会的可持续发展被越来越多的企业所认同和关注，一大批企业已经开始将社会责任融于自身发展，每日互动也不例外。在构建起成熟的"数据积累—数据治理—数据应用"服务生态链之后，每日互动利用多年积累的深度运用数据能力、深厚的行业知识以及丰富的服务经验，积极参与多个政府公共服务项目。此举不仅为企业本身树立了良好的形象、增强了"软实力"，还促进了企业业务健康良性发展，实现了公司长期可持续经营，为社会的可持续发展做出了积极的贡献。（刘功润，中欧陆家嘴国际金融研究院副院长，中欧国际工商学院政研室副主任）

多元业务民营企业的传奇

——上海均瑶（集团）有限公司

上海均瑶（集团）有限公司是以实业投资为主的现代服务业企业，创始于1991年7月。现已形成航空运输、金融服务、现代消费、教育服务、科技创新五大业务板块，旗下4家A股上市公司，员工近2万人，规模列中国服务业500强企业第205位。均瑶集团在发展过程中始终坚持创新，积极探索多元业务领域的同时，始终秉承为社会创造价值、建设"百年老店"的愿景。

作为民营企业创新改革的先行者，均瑶集团在中国民营经济发展史上留下了许多"第一"：第一个入股国有航空公司——中国东方航空武汉有限责任公司；第一批创办民营航空公司——吉祥航空，并与东方航空交叉持股；第一批创办民营银行——上海华瑞银行，成为全国首批投贷联动试点银行；第一批参加国资混改，重组了爱建集团，成为上海第一个重大金融国资国企混合所有制改革项目。敢于"第一个吃螃蟹"的精神在王家三兄弟身上表现得淋漓尽致，成为中国改革开放的标志性符号。

董事长　王均金

"胆大包天"勇于尝试，开辟民营航空新天地

均瑶集团的开创与发展始终和"创新"紧密相连，王家三兄弟敢于尝试的精神和锲而不舍的毅力，让他们书写了"胆大包天"这一民营经济传奇故事。

王均瑶、王均金、王均豪三兄弟出身于温州苍南县大渔镇渔岙村的一个普通渔民家庭。由于家中经济窘迫，他们不得不选择离别故土，"走出去"创业。三兄弟在创业初期陆续做过不干胶、饭菜票、徽章等行业，之后定居湖南长沙，跑五金和印刷业务。1990年，第十一届亚运会在北京举行，亚运宣传品的巨大需求让王家三兄弟的生意不断扩大，赚到了"第一桶金"。

1991年春节返乡中偶然的对话，成为他们开创中国民营包机事业的契机。在长沙做生意的王家兄弟和老乡们一起包长途汽车一路颠簸返乡过年，王均瑶随口感叹了一句："汽车真慢！"旁边一位老乡打趣说："飞机快，你包飞机回家好了。"说者无心，听者有意。王均瑶开始思考：土地可以承包，汽车可以承包，为什么飞机就不能承包？

王家兄弟随后做了详细的客源调查，并向民航局递交了一份构思严密、数据可靠的可行性报告。经过几个月的奔波，王均瑶承包下"长沙—温州"的飞机航线，并创办了中国第一家民营包机公司——温州天龙包机有限公司。有媒体直接用"农民胆大包天"的标题报道了此事，引发了全国的轰动，包机业务也在改革开放政策的鼓励下继续开展下去。当时的美国《纽约时报》高度评价了这次包机的深刻意义："王均瑶超人的胆识、魄力和中国其他具有开拓与创业精神的企业家，可能引发中国民营经济的腾飞。"

2006年上海吉祥航空首航成功

　　以民营包机公司为起点，王均瑶带领王家兄弟看准时机逐步拓展民营航空领域。2002年3月，均瑶集团获得了国家民航总局批准，以18%的股份入股中国东方航空武汉有限责任公司，成为中国第一家投资国家民航主业的民营企业，这也是民营企业首次入股国家全资控股业务领域。同年8月18日，中国东方航空武汉有限责任公司在武汉挂牌运行。

　　2004年，王均金接过均瑶集团的重任，继续开拓航运事业。2005年，《国务院关于鼓励支持和引导个体私营等非公有制经济发展的若干意见》（简称"非公经济36条"）出台。均瑶集团以此为契机筹建吉祥航空，完成了从传统服务业向现代服务业转型的第一步。2005年6月，经中国民用航空局和上海市政府批准筹建，均瑶集团成立吉祥航空，于2006年9月正式开航运营。2015年，吉祥航空在上海证券交易所主板上市，成为第二家在A股上市的民营航空公司，也是民营中高端商务航空上市的"第一股"。

2014年,均瑶集团的航空运输版图继续扩张,投资控股成立的以广州白云国际机场为主营基地的九元航空不仅填补了集团航运产业的低成本航空版图空白,更是成为我国中南部首家低成本航空公司,填补了该地区低成本航空的市场空白。

吉祥航空成立以来的另一重大事件是参与同东方航空的"混改"。2019年9月,吉祥航空与东方航空签署战略合作框架协议,进行"股权+业务"深度混改合作,成为央企混改和民航业混改新标杆,开启了国有航空公司和民营航空公司协同发展新局面。先后两次涉足民航业国企改革,王均金的解释是:"时代不一样,机遇也不一样。"在中央推进国企混改的背景下,均瑶集团战略投资东方航空,除了给后者带去民企活力、降低杠杆率,还希望和东方航空一起实现协同发展,共同建设上海国际航空枢纽。

从首创民营包机公司,到入股国有航空公司,再到成立第一家民营航空公司,与东方航空进行"混改"……纵观均瑶集团在航空运输业的发展轨迹,"胆大包天"的创新精神是其成功的秘诀。时代造就的契机以及不惧创新的勇气和决心,使得航空运输业成为均瑶集团的支柱产业之一。

创新多元化经营模式,服务上海"五个中心"建设

王均金曾这样阐释均瑶集团的发展轨迹:"均瑶集团的发展始终和全国、和浙江、和上海的发展战略保持一致,国家需要什么,我们就做什么。企业所有的投资都要以促进社会进步为原则,以给社会做加法为理念发展产业。"在这样的精神指引下,均瑶集团始终把企业命运和国家发展血脉相连,围绕上海"五个中心"建

设展开了集团业务范围的开拓创新，为经济发展、社会进步做出了自己的贡献。

在航空运输领域，吉祥航空积极参与浦东国际枢纽港建设，加入"一带一路"桥头堡建设，更好地服务上海的"航运中心"建设。航空货运方面，均瑶集团运用吉祥航空优势资源，于2020年推出一站式航空货运平台"喜鹊到"，借助"互联网＋"概念与信息化手段，集合多家供应商的空运资源，结合城市配送延伸服务，拓展空运物流网络的触达范围，为用户整合可用航线、货物揽收、线下配送等全流程服务资源，形成门到门全链路服务体系，为航运服务于互联网的创新结合探索更多可能。

在金融服务领域，为了更好地参与上海金融中心的建设，服务实体经济发展，均瑶集团战略重组1979年老一代工商业者创立的爱建集团。2015年6月，上海市委、市政府启动新一轮金融国资改革。同年12月，经国务院国资委批准，均瑶集团受让上海国际集团所持爱建集团股份，成为爱建集团大股东。2018年1月，均瑶集团全额认购爱建集团非公开发行股份后，正式成为爱建集团第一大股东，持股占总股本的22.08%。

均瑶集团在金融板块开展的另一项重大举措是在2015年成立了全国首批、上海首家民营银行——上海华瑞银行。上海华瑞银行确立了"服务小微大众、服务科技创新、服务自贸改革"的战略定位，与吉祥航空成立"航旅金融创新实验室"，加速推进数字风控、数字营销、数字运营等数字化核心能力建设，探索数字化银行发展模式，逐渐在民营银行中形成具有核心竞争力的差异化发展路线。

在现代消费领域，均瑶集团以大东方股份和均瑶健康两家上市公司为基础，积极尝试、开拓布局。2004年，均瑶乳业削减纯牛奶业务，转型乳酸菌这一细分市场。2020年8月，均瑶健康在上海证券交易所上市，成为"常温乳酸菌第一股"。2021年3月，均瑶健康与江南大学正式签订20年的战略合作协议，江南大学将部分功能性菌株独家授权均瑶健康使用。大东方股份则持续深化"商业零售+医疗健康"的双主业战略布局，在完善商业零售传统业务的同时，逐步深入布局医疗健康板块，旗下均瑶医疗通过对健高儿科、雅恩健康、知贝医疗的收购，采用"综合门诊+儿科诊所"的城市分布模式，构建整合型儿童健康服务体系。

在科技创新领域，均瑶集团积极投身上海建设全球科创中心的战略规划，在飞行模拟机、信息基础设施以及陶铝新材料等多个方面开展科创实践，并取得了瞩目成绩。2020年10月，华模科技研发的国内首台拥有完整自主知识产权的A320NEO/CEO全动

2020年华模科技生产的全动飞行模拟机交付使用

飞行模拟机正式交付，"国产民机 D 级飞行模拟机研制"项目被上海市发改委、上海市经信委列为上海市战略性新兴产业重大项目。信息科技方面，2020 年，"均瑶云"再度获评上海信息化示范应用并得到市级专项资金支持。新材料方面，均瑶集团的陶铝新材料产品已经成功研发并完成量产，并打破了国外对高密度功率柴油机活塞的技术垄断；陶铝新材料地板支撑梁也已进入国产大飞机 C919 的生产名录中。

在发展过程中，均瑶集团逐渐总结并创立了名为"一二三四五"方法论的企业文化，其中的"两个恒"代表了恒心、恒新，就是持之以恒、持续创新。多元经营历程体现了均瑶集团始终坚持创新的经营思想，从最初涉足航空运输业，到金融服务、现代消费、科技创新等板块的创立与发展，均瑶集团一步一个脚印，以创新步伐引领企业多元业务经营，为上海"五个中心"的建设做出了积极贡献。

推进公益形式创新，不忘社会责任初心

王均金始终秉承"均瑶是我们的，更是社会的"理念，在稳步推动均瑶集团发展的同时，坚持"义利兼顾、以义为先"的原则，自觉履行社会责任，将企业发展与社会责任有机融合，使其相辅相成，致力于为社会创造价值。在王均金的带领下，均瑶集团先后投入 20 多亿元用于光彩项目帮扶，20 多亿元用于教育事业，3 亿多元用于各种公益活动和慈善事业，累计惠及贫困人口及弱势群体 50 多万人。

参与教育行业转制，是均瑶集团履行企业社会责任的重要创

2005年均瑶集团参与世外教育中小学改制

新方式之一。王均金曾经指出："在义务教育方面，政府更多地保底线、保公平，不用大包大揽，对于一些多样化的教育需求，可让市场来满足。"2005年，均瑶集团积极响应上海市委、市政府全面实施教育综合改革号召，率先出资投入教育事业，参与上海市世界外国语小学和中学两所学校的教育改制。8月，两所学校成功转制为民办学校，均瑶集团立志把这两所学校打造成可持续发展、可持续承担社会责任的教育品牌。2005年，在转制成民办学校之后，两所学校实行董事会领导下的校长负责制。2015年，均瑶集团建立上海世外教育集团，近年来，世外教育集团与上海、浙江等地签订合作办学协议，在青浦、金山、临港等地建立托管学校，积极探索托管办学新模式。

在均瑶集团的精心经营和全力支持下，世外教育品牌名声在外，教育服务成为均瑶集团的业务版图里的重要一块。但王均金并未想过通过教育营利，在他看来，投资教育只是均瑶集团履行社会责任的一种创新投入方式。王均金在第一次给学校老师开大会时提出"创百年名校"的目标,学校的办学理念是培养国际化人才,注重学生的素质教育和综合能力的培养。作为外国语学校的董事长,王均金每年都会参加毕业典礼。能参与到教育改革发展中来,特别是看到学校培养了这么多优秀的孩子,王均金感到很欣慰。

均瑶集团在教育事业方面的最大创新在于开创性地以民营资本参与教育改制,实施集团化办学。首先,教育改制使得精心办学成为均瑶集团投身社会公益的新渠道,创新了原有的公益模式;其次,民营企业的教育投入有利于弥补公共教育财政对教育投入的不足;最后,集团化办学的创新能够把优质资源和典范模式传递出去,让更多适龄学生接受更好的教育。

均瑶集团的公益创新并不仅限于教育事业,也在于因地制宜地探索助农扶贫新模式。早在 2006 年,均瑶集团为帮助三峡库区移民就业,持续投资 20 多亿元,在湖北宜昌实施"万头奶牛养殖计划",以产业兴办的方式扶贫支农。10 多年来,均瑶集团通过推行创新性的"公司+基地+农户"模式,形成了有效的支农措施,并逐步发展成为集养殖、深加工、销售于一体的农业产业化龙头企业,取得了良好的长期效应。2016 年,王均金响应国家"脱贫攻坚"号召,在均瑶集团专门成立"均瑶集团精准扶贫行动领导小组",后又向中国光彩事业基金会捐赠 1 亿元,设立"光彩·均瑶扶贫济困专项基金",先后在贵州、湖北、云南、甘肃、广西、新疆 6 省区 13 地通过多种创新模式践行精准扶贫。例如,均瑶集团将贵州省望谟县洛郎村确立为对口帮扶对象后,共派出 200 多人先后 20 次深入贵州大山深处,开展精准扶贫的走访、调研。综合"诊断"后,均瑶集团确定了在洛郎村以建设"望谟县万亩板栗高产示范园"为抓手的帮扶方案。2021 年 11 月,全国脱贫攻坚任务圆满完成,均瑶集团在贵州望谟的扶贫案例"小板栗坐上了

望谟县万亩板栗高产示范园蓝图

大飞机"荣获中国企业精准扶贫综合案例50佳。

均瑶集团在贵州省望谟县洛郎村以及三峡库区等地开展的精准扶贫，均采取了产业扶贫的方式，通过对上述地区的考察、调研，选择相适应的产业，建立生产加工基地，再通过电商扶贫、消费扶贫等多种方式拓展市场渠道，形成全产业链，实现良性可持续发展。

此外，均瑶集团历年来坚持对口援疆支持工作，捐赠价值1000万元的免费往返探亲机票，捐赠1000万元建设新疆喀什莎车县图文信息中心；多年来，均瑶集团主动参与中国光彩事业"南疆行""宁夏行""红安行""信阳行""井冈行""延安行"等活动并捐款5000多万元，支持老区建设。

王均金曾在接受采访时说："均瑶集团未来的发展思路，是打造'百年老店'。""胆大包天"成立民营包机公司，为均瑶集团的航空运输业奠定了基础。此后，借助时代契机，均瑶集团成立了吉祥航空，与东方航空进行"混改"，进一步夯实在航空运输业的地位。进入 21 世纪以来，均瑶集团心系国家战略与上海发展需要，拓展业务领域、开展业务创新，积极支持上海"五个中心"建设，在航空运输、金融服务、现代消费、科技创新、教育服务等领域皆取得佳绩。稳健经营与持续创新将使均瑶集团向着"国际化现代服务业百年老店"这一宏伟目标稳健前行。

【专家点评】

作为中国改革开放、民营经济发展的标志性企业，均瑶集团的发展历程给予我们很多启示，归纳起来有以下三点：

首先，改革创新是推动企业发展的动力源。企业的发展离不开改革创新，战略大师迈克尔·波特说："企业通过创新活动获得竞争优势。"均瑶集团的发展历程很好地印证了这一点。30 多年来，均瑶集团敢于"第一个吃螃蟹"，创造了许多"第一"。特别是在民用航空领域，均瑶集团成立了国内第一家民营包机公司；第一个入股国有航空公司——中国东方航空武汉有限责任公司；创办了第一家民营航空公司——吉祥航空；第一批参与国有航空公司"混改"，与东方航空交叉持股……如今，均瑶航空已经成为国内最大的民营资本航空公司之一。

其次，多元经营是筑牢企业根基的磐石。多元化战略是均瑶集团发展壮大的又一条重要经验。均瑶集团作为以实业投资为主的现代服务业企业，已经形成了航空运输、金融服务、现代消费、科技创新、教育服务等五大业务板块。多元发展为企业创造了更广阔的应用场景，可以使企业优势叠加，更高效地集聚和配置各类要素资源，在市场中更具竞争力，在服务城市发展、服务国家战略中发挥自己的优势。

最后，社会责任是伴随企业的长明灯。新的时代对企业的社会责任提出了新的要求。均瑶集团始终秉承"均瑶是我们的，更是社会的"理念，在创造经济价值的同时，十分注重创造社会价值。当前，越来越多的企业已经将ESG（Environmental，Social and Governance，环境、社会与治理）理念融入了企业的治理内核，更加注重可持续的社会价值创造，通过调整自身战略，为经济、社会、环境协调发展做出自己的贡献。

均瑶集团作为中国服务业500强企业，在创新发展、多元发展、可持续发展上形成了自己的经验，其发展历程为中国民营企业坚持新发展理念、服务新发展格局，建设具有中国特色的"百年老店"提供了值得借鉴的参照系。（严军，上海市人民政府发展研究中心副主任）

科学守护睡眠

——上海水星家用纺织品股份有限公司

每个人有大约三分之一的时间是在睡眠中度过的。之前,中国老百姓一条棉被"从小盖到老"。如今,这一时代已经过去。人们普遍追求舒心温暖的好被子,可以在白天的忙碌后睡个好觉,恢复疲惫的身心。尤其是在每年的寒冬腊月,钻入被窝、享受温暖,并在早晨赖床,可以说是很多人的"小确幸",也承载了一个"家"的重要意义。实际上,好的被芯产品对于构建良好的睡眠微环境能起到不可替代的作用——提供舒适睡眠空间、保证呼吸畅通均匀、调节控制适合睡眠的温度等,有助于提升睡眠质量。伴随着居民生活水平的提高、消费结构的升级以及酒店旅游产业和婚庆市场的蓬勃发展,人们对家纺用品的需求仍将提升,市场空间较大。不过,家纺行业由于进入门槛较低,市场分散程度高,产品同质化较严重,面临创新引领不足、质量精细化水平不高、智能化发展不充分等困境。虽然国内相关企业超过万家,但规模以上企业占比较小。近年来,随着市场竞争的加剧和企业研发投入的加强,行业中涌现出了一批创新能力强、设计水平高、

董事长兼总裁　李裕陆

营销模式新的品牌家纺企业，上海水星家用纺织品股份有限公司就是其中表现突出的典型代表。作为在行业内较早实施品牌战略的企业，水星家纺一直坚持高标准、严要求，以足够用"芯"让人体验舒适睡眠，用技术创新为用户带来更多高品质的家纺用品，在国内外树立了良好的品牌形象，也引领了家纺行业的高质量发展。

给孩子们冬天的温暖

20世纪80年代，经营百货店的李裕杰常年在中国各地出差。除了把大城市最新的生活用具带回来，每次出差回家，他都会给4个孩子带回来一整个行李箱的零食和玩具。因此，即便是晚归，孩子们依然会欢欣雀跃地从被窝里起来迎接父亲。南方的冬天潮湿阴冷，作为父亲的李裕杰总会发现，即使穿了两双袜子裹在棉被里的孩子们，仍旧冻得瑟瑟发抖。在面对湿寒的南方冬夜时，传统的棉被显然保暖性不足。

带着这份忧虑，李裕杰展开了对被芯的研究，他深信科学的理念是推动社会产业发展最有效的工具。在一系列的市场调研和对原材料产地的走访之后，他决心引进先进的技术，来提升被芯的保暖能力。自此，他于1987年成立了龙港江南被服厂，开启了水星家纺的辉煌历程。

充满希望与机遇的千禧钟声敲响，水星被服于2000年正式搬迁至上海，坐落在奉贤区的上海水星工业园也于同年正式建成。随后的短短3年时间里，水星便跻身中国家纺行业销量前五名。锋芒初现的水星并不满足于当下的成就，将目光投向了更远的地方。

2004年，公司更名为上海水星家用纺织品有限公司，以"恋一张床，爱一个家"的品牌标语，将"家"与"爱"的精神注入品牌DNA。随后，水星家纺便驶入迅速增长的快车道：2006年跻身中国500强；2008年助力北京奥运会；2010年进行股份制改造，更名为上海水星家用纺织品股份有限公司；2017年登陆上海证券交易所，成功上市。

近年来，伴随着中国经济快速增长，国内消费者对企业提出了更高、更好、更精细的需求。面对不断革新的市场环境，2020年水星家纺确立"好被芯选水星"的品牌核心，全面提升品牌对外识别度，让水星被芯的好品质深入消费者心中，从而在同质化严重的市场竞争中能够脱颖而出。如今，水星家纺已成为现代家纺业的重要奠基者，并快速成为一家集研发、设计、生产、销售于一体，专注于家用纺织品行业的专业化、多品牌企业，产品多达300多个品种。

水星家纺2021年被芯全国销量第一

"长丝奶奶"的故事

在水星家纺,流传着一个"长丝奶奶"的故事。被子的保暖度、耐用性和舒适度取决于蚕丝的长度,长丝奶奶们潜心培育、细心挑选出个头大、饱满且丝线缠绕有规律的蚕茧,使之拉丝长达1 600米。凭借丰富的经验、轻巧的力量和多年的配合,长丝奶奶们还要完成煮、剥、漂、晾、拉、缝等工序,而做一床1斤左右的被子,大概需要2 500颗蚕茧、600多次拉丝,层层铺叠20层以上。就这样,一床好的蚕丝被,在长丝奶奶们的手工制作下得以完成。

这些长达1 600米的好丝现在就用在了水星家纺"丝路传奇"系列产品上。面对市场上很多纯蚕丝被的蚕丝含量不达标等问题,水星家纺以专注和匠心,对每一件产品尽心尽力,对每一个环节严苛核验。除了传承千年手艺的长丝奶奶匠心手作,水星家纺还开创性地将玻尿酸这一天然保湿因子植入部分"丝路传奇"产品面料中,制成被面,使触感更加丝滑。此外,萱草芳香助剂的添加使产品清新淡雅,助人舒眠。同时,被子的床尾留出1米至1.7米的大开口,购买者可以直接观察、触摸、体验蚕丝的质感,以"看得见摸得着"的透明赢得购买者的信任。

除了"丝路传奇"系列产品,近年来,水星家纺深入洞察消费市场的变化,还潜心多年研究诞生了"黄金搭档被""阿宅一体被""五谷纤维被"等创新产品。

羽绒被和蚕丝被是市场上常见的被子,前者蓬松保暖,后者亲肤贴体,可谓各具优势。为了兼顾两者特点,水星家纺独具匠心地开发出"蚕丝+羽绒+蚕丝"的"黄金搭档被",将羽绒和蚕丝两种优质填充物以合理克重组合填充,使消费者同时感受两种被子带来的舒适体验,解除白天工作的劳累、心情的烦闷,睡得更香、更健康。此外，羽绒被的一个问题是羽绒容易外钻，造成清洁的困扰，也影响使用寿命。这款"黄金搭档被"被胎采用上下层蚕丝包裹中间层羽绒的工艺，多层丝网的重叠结构紧密，能有效阻隔羽绒的外钻。

换被套对不少人来说是件比较麻烦的事，有时候一个人还做不好。"阿宅一体被"可以说是懒人的福音，采用被胎被套一体式设计，整被可贴身使用，可直接水洗，且不移位、不板结、不变形，极大满足了现代人对便捷生活的需求。为保证被子可直接贴身使用，"阿宅一体被"选用 100% 优质桑蚕丝，面料则选用以纯天然植物纤维天丝和棉纤维为原料的莱赛尔棉，光泽自然、手感滑润，与肌肤接触无刺激和副作用。

"五谷纤维被"的诞生旨在让使用者拥有"睡在大自然里"的睡眠体验。五谷纤维以花生、大豆、大米、小麦、玉米等自然植物为原料，从中提取丰富的谷物蛋白，并按照科学比例进行复配，以天然环保实现持久抗菌，做到亲肤无刺激，充分保障了使用者的健康。

这四款系列产品兼具技术优势和产品舒适性，一经推出后便广受好评，荣获"纺织十大创新产品""美国缪斯设计奖""欧洲好设计奖"等。"阿宅一体被"更是凭借时尚便捷的一体设计，摘得"2022 年美国缪斯设计奖最高荣誉铂金大奖"。

艺术、科技与材料的完美结合

"丝路传奇被""黄金搭档被""阿宅一体被""五谷纤维被"这四款系列产品虽然材质不同、创意不同，但均致力于把科技、艺

丝绵"绒""耀""臻"藏加拿大进口大朵白鹅绒被

术和健康相结合，其中，对美好生活的探索是共通的，对科技创新的坚持也是相同的。或许正是因为这一份坚持和追求，水星家纺才能收获消费者的青睐与信赖。而在这些优质产品的背后，则是突出的品牌溢价能力、领先的技术优势和精益的供应链体系，这也是水星家纺近年来提出的被芯战略的重要组成部分。

当消费结构以年轻人为主的时代到来，如何抓住年轻人的心？水星家纺有自己的妙招，比如，与敦煌博物馆开展联名推广活动，重磅推出了一系列荟萃国风元素的家纺产品，将家纺与国潮文化结合，弘扬中国文化与精神，为被芯产品赋予更多文化内涵与品牌价值。又如，这两年的夏天，雪糕品牌钟薛高火了，可谓异军突起。水星家纺开展跨界合作，以清凉为共通点，推出产品"雪糕被"，借助钟薛高的年轻气质带给产品更多青春活力，刷新年轻消费者对传统家纺的固有认知。水星家纺还与迪奥（Dior）、盟可睐（Moncler）、路易威登（LV）等国际奢侈品牌的设计师联名设计，推出全新高端家纺系列，为消费者带来全新的产品视觉体验。此外，基于婚恋话题的高收视率和高互动性，水星家纺与高级婚尚生活杂志《时尚新娘》持续合作，参与多对明星夫妻的平面大片拍摄，借助其在婚恋人群中的超高影响力，为水星家纺婚庆系列产品推广助力。这些努力显著提高了水星家纺的品牌溢价能力，与消费者高质量、高声量、高频度的沟通交流也持续扩大了品牌的影响。

"科学守护睡眠，给家人睡个好觉"是水星家纺的初心，水星家纺近年来在产品创新和研发投入中不遗余力，正以纤维新材料和助剂材料的自主研发为重点，以开发健康、舒适、生态型家纺产品为基本方向，重点开展了凉感纤维、低致敏纤维、蛋白纤维、除臭纤维、吸湿发热纤维、草本天然抗菌、物理抗菌、A类生态牛皮席、抗菌竹席等项目的技术研发和科技攻关，取得了阶段性

敦煌联名款推广海报

水星家纺 × 敦煌博物馆
DUNHUANG MUSEUM
联名系列　全新上市

科学守护睡眠 | 063

的技术成果。其中，水星家纺经过潜心研究，相继掌握了"硅藻土改性纤维""功能性微胶囊制备及应用""负离子沁息科技"等专利技术，并连续两年获得中纺联"纺织之光"科技进步奖二等奖，凉感纤维、除臭纤维、草本天然抗菌、A类生态牛皮席、抗菌竹席则已完成技术转化并作为订货新品投入生产。

"外行看外观，内行看里子。"为生产出更好的被子，水星家纺从全球范围内优选原材料，比如，选用泰国的乳胶、俄罗斯的羽绒、中国新疆阿瓦提的长绒棉和贵州遵义的桑蚕丝等，通过制定严格的供应商甄选、考核和淘汰制度，定期对供应商进行考评，并相应调整合格供应商名录，使供应商处于良好的竞争和稳定状态。这些稳定、健全、产地可溯源的供应链体系为产品品质提供了可靠的保障，可以使公司高效利用上游行业内的材料开发、面料研发、面料图案设计和面料染整、生产的优质资源，打造出公司在产品品质、花色、生产成本、市场反应速度等多方面的竞争优势。

研究和改善中国人的睡眠状况

30多年来，水星家纺专注做一件事：将科技注入产品，让每个人睡个好觉。要做到这一点，研发出更能满足市场需求的被子，就要对中国人的睡眠健康状况和寝具被芯的认知与需求进行调查和研究，了解那些实实在在影响中国人睡眠的问题。在高节奏、高竞争的现代社会，睡眠似乎变成了奢侈品。缺乏睡眠变成了全球的流行病。全世界有30%—40%的人有睡眠问题。在中国，超过3亿人有睡眠障碍，成年人失眠发生率高达38.2%，其中年轻

《2022中国被芯白皮书》发布现场

人失眠的比例更高。六成以上年轻人觉得睡眠时间不足，六成以上青少年儿童睡眠时间不足 8 小时。

为此，水星家纺联合中国家纺协会、中国睡眠研究会开展大范围的消费者调研工作，着重研究国人对于寝具尤其是被芯的认识误区，连续三年发布《中国被芯白皮书》。对于消费者而言，《中国被芯白皮书》就是水星家纺为消费者提供的被芯教材，帮助消费者解决在日常生活中遇到的与被芯相关的问题。而对于水星家纺而言，《中国被芯白皮书》是一份产品开发指导手册。消费者遇到的睡眠问题，正是水星家纺改进产品优化睡眠服务的方向。

水星家纺还与上海应用技术大学材料科学与工程学院、东华大学纺织学院及材料科学与工程学院、苏州大学纺织与服装工程学院、上海市纺织科学研究院的专家团队开展深入的技术研究合作，多个科研项目齐头并进，既有基础性课题研究，也有实证应用性技术开发。其中，目前与苏州大学的深度合作，旨在开展基于温度梯度的家用被芯性能研究。研究第一阶段从春、夏、秋、冬的温度梯度着手，借助国际领先的假人装置，研究被芯产品的材质、重量规格等参数对睡眠质量的影响。第二阶段着重针对性别、体型等个体因素所产生的差异进行研究，最终根据综合研究结果输出睡眠温度指数，从而有效帮助广大消费者了解自己的睡眠需求，选择更合适的被芯产品。

产品为王、产品领先是水星家纺的策略，颜值、舒适度、功能性创新是水星家纺的核心竞争力。通过产学研协同，水星家纺还在与资深的业内专家、权威学者交流学习的基础上，成立了水星家纺上海睡眠研究中心、上海家纺新材料工程技术研究中心、家纺实验室、研究生实习基地等平台。截至目前，水星家纺拥有发明专利55项，实用新型专利27项，外观设计专利64项，在行业处于领先地位，被认定为工信部"工业企业知识产权运用试点企业""2022年度国家知识产权优势企业""上海市专利工作示范企业""上海市专利试点（培育）企业"等。

睡眠问题已经成为现代人的苦恼和全球流行病。"晚安"这句简单的祝福语对相当大的人群而言则是一种奢望。水星家纺致力于解决睡眠障碍问题，并为此做出了自己的长期努力，以科技和设计双升级作为创新实践的重要法宝，绝不放弃任何一个提升睡眠质量的可能。水星创始人李裕杰曾说过："要用一辈子做好一条被芯。"董事长兼总裁李裕陆也曾指出，水星家纺成立至今，始终践行"创新'质'造，文化传承"：一方面不断研究新材料、新技术，为消费者提供优质体验的产品，改善消费者的生活；另一方面，作为民族基因纯正的中国品牌，水星家纺深耕中国市场30余年，不仅了解中国消费者的生活需求，也了解消费者的精神需求，因此与消费者有着强烈的情感共鸣。今后，水星家纺这一品牌，将会继续以更高更严的要求、更新更炫的技术、更美更赞的设计、更棒更好的营销，打造出睡眠好物，为更多的中国人带来优质的睡眠，也助推中国民族品牌和制造业的强势崛起。

【专家点评】

上海水星家用纺织品股份有限公司是中国现代家纺业的重要奠基者之一，自1987年成立龙港江南被服厂以来，始终以匠心精神专注做一件事：做出好的被芯产品。从追求保暖性，到确保舒适性，再到注重健康度，被芯产品迭代升级的背后，反映的是水星家纺的产品创意跟随中国消费者而逐渐发生的改变——从实用主义到品质生活。

众所周知，家纺行业主体颇多、竞争激烈，水星家纺能够成为行业的领头羊，主要原因是在想法上、设计上、角度上富有创意。

从想法的创意来说，市面上既有蚕丝被，也有羽绒被，两者各有特色。但消费者往往只能"二选一"或者"全选"。水星家纺恰恰能给消费者提供第三种选择——"二合一"，将羽绒和蚕丝组合填充，呈现两者的特点，发挥最大的效果。玻尿酸是一种运用在医美行业的物质，水星家纺将这一天然保湿因子植入被芯产品中，诞生了更加丝滑的被子。这些想法虽然是整合既有的材料，看似简单，但实则需要有很强的联系性思维，是一种创新。

从设计的创意来说，一般的被子专注实用性，不太注重设计感。但在水星家纺眼中，被芯产品既要有优秀的功能，也应是一件艺术品，需要承载文化内涵和品牌价值。与敦煌博物馆推出的联名款，使家纺产品一下子具有中国传统的文化气息，而与钟薛高的跨界合作则极富想象力，将被子染上雪糕的颜色，叠成雪糕的形状，让人在炎热的夏天瞬间感觉到清凉。水星家纺将艺术注入产品，将国潮文化和年轻潮玩融入产品的做法，是营销模式的有益尝试，也是扩大品牌影响力的重要手段。

从创意的角度来说，要想在同质化竞争严重的行业中脱颖而出，必须在观察和研发的角度上有新的洞察，从而与其他品牌形成差异化竞争。水星家纺无疑做到了这一点：感受到年轻人嫌换被套麻烦，就研发出可直接水洗的被子；发现消费者对内嵌在被子里的蚕丝质量有顾虑，就在被子尾部留出大开口，让消费者"看得见摸得着"；得知消费者对亲肤的被芯产品有健康诉求，就以优质材料和自然原料来制作。从这些事例可见，水星家纺的创意正是基于对消费者体验细致入微的观察。

当然，创意的背后是强大的技术实力作为支撑，正是水星家纺不断尝新的科学精神和持续高效的研发投入，才能使这些大脑中的创意变为现实中的产品。（**强荧，上海市文化创意产业推进领导小组办公室专职副主任，上海视觉艺术学院文化创意产业管理学院院长、研究员**）

引领西装潮流，构建大国品牌

——报喜鸟控股股份有限公司

随着中国经济的快速发展和城镇化的大力推进，中等收入群体不断扩大，社交活动和闲暇时间日益增多，个性化、多元化的消费需求正在推动消费升级。在此背景下，男士越来越愿意对自己的外在形象和穿着进行投资，中国男装市场的规模逐年扩大。其中，西装可以说是工艺最复杂、着装场合最讲究、穿搭要求最高的一类，称其为服装工业的王冠并不为过。在国人眼中，拥有高知名度、高品格、高格调的报喜鸟是一个响当当的大品牌。报喜鸟之所以能够获得市场的信赖和国人的喜爱，一是因为做出了真正适合中国男人的西装，使这一西方的"舶来品"实现了本土化转型；二是因为传承经典，抓住潮流，始终跑在市场需求的前面。报喜鸟控股股份有限公司董事长兼总经理吴志泽表示，前者是创业初心，后者是发展理念。自创立以来，他始终致力于向每一位中国男性传递现代男装的精髓和潮流，唤醒国人内心对于中国文化的自豪感，并以之作为创新实践的重要理念。

董事长兼总经理　吴志泽

一定要创立自己的品牌

1980年,乘着改革开放的东风和温州"百工之乡"的创业氛围,吴志泽涉足服装行业,创立了纳士制衣厂。很快接到订单的他,为了多做衣服,每天都工作到凌晨两三点才睡,第二天起床后又接着做。几年下来,吴志泽获得了创业以来的第一桶金。

1984年开始,吴志泽逐渐注意到,制衣的利润是有限的,品牌却能够带来极高的附加值。创立自己品牌的种子在他心中播下了。当时,温州服装业普遍处于贴牌阶段,要想使自己的国产品牌与国际大品牌在市场上展开竞争,赢得消费者的认可和信赖,简直难上加难。而且,贴牌生意让不少企业赚得盆满钵满,中国企业创建自己品牌的动力很小。

与众不同的吴志泽没有放弃这个想法。1987年,他到温州工商局注册了一个商标——"嘉利士",成为温州第一个注册服装商标的人。随后,印有"嘉利士"商标的服装开始在全国市场销售。为了让进货商放心,吴志泽承诺不好卖可以退换,而结果也没让他失望,这一品牌被消费者接受了,而且大卖,一炮而红,在当时的武汉,嘉利士是销售数量最多的品牌。

1996年,吴志泽联手当地两家服装企业,打破传统家族式经营模式,正式更名组建报喜鸟集团,并注册"报喜鸟"品牌。为了在消费者心中树立起高端品牌形象,吴志泽做出规定:全国统一价、永不打折。这一规定使公司的生意在起初遭受重大打击,但吴志泽顶住压力,拒不收回规定。几个月后,生意逐步恢复,步入持续、健康、稳步发展的良性运营轨道,报喜鸟成为国内一流的服装企业。

2001年,浙江报喜鸟服饰有限公司成立,于2017年更名为报

报喜鸟品牌综合门店

喜鸟控股股份有限公司，成为一家以品牌服装的研发、生产和销售为主业，同时涉足投资领域的股份制企业。2007年，报喜鸟控股成功登陆A股市场，成为温州地区首家上市的服装企业。2015年，中国提出制造强国战略，强调中国制造、智能制造、"互联网+"，报喜鸟控股成为浙江省唯一入选该年度工信部遴选确定的100家互联网与工业融合创新试点名单的企业。2016年，报喜鸟控股又成为工信部智能制造试点示范企业，领跑服装行业数字化转型，从传统制造迈向智能制造。

经过20多年的快速发展，报喜鸟控股已形成包括自有品牌报喜鸟、宝鸟、亨利格兰、所罗，以及国际代理品牌东博利尼、恺米切、哈吉斯、乐飞叶、衣俪特等在内的品牌组合，产品品类涵盖西服、西裤、衬衫、夹克、羊毛衫、POLO衫、羽绒服、速干衣、休闲裤、皮鞋、皮具等全品类服饰，拥有1 600多个线上线下融合的销售网点及温州、上海、合肥三大生产基地。近年来，尽管受疫情大流行、国际环境深刻变化等复杂因素影响，服装行业整体承受较大压力，但报喜鸟控股依然凭借成熟的多品牌矩阵和全渠道营销，专注主业的发展，实现了稳健增长，表现出了较强的抗风险能力。吴志泽说："服装能造就百年品牌，需要我们终身努力。"自创业以来，他始终用行动践行着自己这一诺言。

做出更适合中国人体型的西服

在吴志泽的衣柜里，始终珍藏着一套经典款西装。

1997年的一天，意大利服装设计师安东尼奥走进了吴志泽的办公室，为他手工定制了一套拥有全新工艺的西装。这套贴合自己身材曲线的西装，让吴志泽深深意识到"量体裁衣"四个字的真意。虽然，报喜鸟控股不是首批改革开放后做西服的公司，但吴志泽却是首批为中国人做西装的企业家。

改革开放初期的20世纪70年代末80年代初，中国人的衣着由清一色的灰黑色调开始变得逐渐鲜亮起来。不过，那个年代的物资仍然紧缺和匮乏，许多人穿的是走私而来的"大包"服装。"洋垃圾"洗一洗、改一改，成为国人追捧的时髦，其中尤以西装为甚。不过，以欧洲人的身体板型为参照的西装，套在中国人身上，虽有潮流，却是一副"洋马褂"的样子。"我们一定要做一套西装，适合中国人体型的西装。"也是在那个年头，吴志泽与温州同乡决意在欧洲西服板型基础上，积累体型数据，"修正"出国人的西装板型来。

从体型看，欧美人普遍比亚洲人高大，两者的头身比、腰臀比等比例都有明显差别，而穿着西服的标准衣长是要盖过臀峰或2/3位置，过长或过短的西服都会显得格格不入。如果不注意这些差异，直接把欧美板型的西服套在身上，当然也就穿不出理想的气质。

为做出更适合中国人体型的西服，报喜鸟充分运用大数据，对1亿多名中国男士的体型数据进行采集分析，每位男士采集不少于13个部位数据，在充分了解国人体型特征后，对西服的衣长、袖笼、肩部、裤长等进行改良。针对亚洲人五五分的身材比例和腰线较低等特点，公司运用黄金比例剪裁，把腰线刻意上移，延长腰节，更显腿长。欧美人普遍比较壮，手臂肌肉发达，所以其西服袖笼都比较大，若直接穿着，腋下多余的面料也会容易产生褶皱。公司把袖笼上提，让袖笼和腋下更服帖，外轮廓显得更加饱满有精神。中国人肩膀普遍较窄，很难撑起欧美板型西服，公司根据中国男士肩线角度和肩部厚度，打造适合中国人的自然肩型，对于肩部特别窄的男士，公司利用垫肩的厚度和肩部的尺寸来修饰、拓宽肩部。西裤板型特别注重腿部修长，公司把西裤膝盖部中裆线设计上移，让中腿到膝盖更加贴合，立裆也适当上提，双腿显得更修长，视觉上能够营造出穿着者显高5厘米、肥胖者显瘦5千克的效果。

在这些改良的基础上，根据中国不同地区的体型差异，报喜鸟研发出了舒适版、标准版、修身版三种核心西服板型，再结合互联网平台和智能制造平台，积累量体数据10亿条，可提供不同板型组合数据20万亿条，提供面料、配件数据20万条。据此，公司进一步研发出了8种体型板型，可以满足中国90%以上男士的需求。

近年来，运动化、年轻化、定制化的轻正装，成为西装界的新锐势力和行业新的经济增长点。吴志泽对年轻消费族群有深入的洞察。在他看来，"'90后''00后'的消费者，其实比60年代至80年代的人更懂西装，在什么场合穿什么样的西装，前者有着非常明确的认知。而报喜鸟近几年销售业绩的扩大和增长，与年轻世代成为消费主力密切相关。'90后''00后'对于西装消费的频率，是远高于前辈的"。为更好满足市场消费主体的变化和年轻人对西装穿着的要求和特点，公司携手东华大学和业界知名主流面料商，共同推出"运动西服"等系列产品，采用轻量零压工艺，通过无肩、无里、无衬的工艺技术，使用富有弹力、抗皱、透气、防污、防水等高性能面料，更舒适、易搭配、易打理，适用于会议、商旅、休闲等多场景，解决了传统西服低频使用、功能性消费的痛点，提高了西服品类的消费频次。"运动西服"自上市以来，赢得了市场的高度认可。"单层双面穿上衣""轻正装系列运动西服"等10项产品已被登记为浙江省科学技术成果。

　　对于其他品牌，公司均拥有独立的研发设计部门，针对不同的特点、需求和发展阶段，持续加大研发投入。对于第二大品牌哈吉斯，公司秉持中高端英伦休闲风格，坚持该品牌的定位和调

智能办公研发楼

性，持续推进产品的年轻化、多品类、多系列发展；与温布尔登网球锦标赛合作，推出温网系列；推出云朵系列、Pointer 年轻系列、天然染色环保系列、HRC 运动系列产品；尝试推进包、鞋、内衣等新品类的产品研发，丰富产品品类。另外，公司加强恺米切品牌免烫系列产品的研发；突出乐飞叶的品牌印花设计；衣俪特品牌则抓住教育统筹化管理的机遇，加强与学校和家长的联系，提升校服业务接单能力；而东博利尼这一培育品牌，也已完成了全新的形象升级，意在向消费者诠释意式轻奢时尚产品。

兼顾个性化和流水线的智能制造

如果要定制一套西服，不仅要求西服合身，还要性价比高、个性化强、交付快速，这些要求能得到满足吗？报喜鸟的智能工厂给出的答案是肯定的。此前，服装行业的定制是传统的手工定制，虽然能满足不同消费者的需求，但生产效率很低。工业化的到来形成了大流水线生产，效率得到大幅提升，然而产品的同质化倾向凸显，个性化不足。随着消费市场向时尚化、年轻化、个性化方向发展，客户越来越希望有一种兼顾个性化和大规模生产的商业模式，这也顺应了全球生产模式向智能化和自动化转型升级的趋势，其背后则是大数据、云计算、机器人等新兴技术的快速发展和进步。

报喜鸟在 2014 年下半年就开始布局工业 4.0 智能化生产，开启"智"造新时代。2015 年，报喜鸟开始筹建云翼智能服务平台，将传统工厂升级改造为智能工厂，以智能制造透明云工厂为主体，以私享定制云平台和分享大数据云平台为两翼，为全球私人定制店及消费者提供全方位、一站式私人定制服务，充分满足消费者个性化、时尚化的需求，引领服装产业探索大规模个性化定制之路。

通过私享定制云平台，顾客可结合线上线下多渠道体验查看产品详情、体型历史、订单评价，比较咨询细节，体验换装渲染功能，在线下单支付，量体预约，查询订单状态等环节。通过分享大数据云平台形成的面料库、BOM（Bill of Material，物料清单）库、版式库、工艺库、规格库、款式库，可以支持设计师和小微企业创业，同时具有向第三方工厂输出整套技术并实施改进的能力，对产业链相关方开放共享。

如今，报喜鸟的智能工厂已经没有裁缝和打版师傅，但流水线上的每一个工人都井然有序地缝制着款式不一的衣服。物料会通过吊挂系统自动传送过来，每件衣服的生产数据都会由设备自动识别并显示在工位前的电子屏幕上。从下单到交付，每套服装所需时间从平均15天缩减至7天，生产效率提高50%，显著缩短了生产周期，提高了顾客的满意度及企业库存周转率和资金利

云翼智能制造车间

用率。云翼智能服务平台的上线，对公司还产生了其他溢出效应。例如，智能工厂的精准自动制版、排料及一次性精确裁剪，可以使面料的损耗降低5%，也进一步减少了原材料、在制品、产成品等库存。相较于手工制作，智能控制系统也大大降低了生产过程中的出错率，提升了产品的质量合格率。

可以说，通过全面实施智能化改造升级，对服装制造的各环节和要素进行再组合的重大创新，报喜鸟真正做到了一人一版、一衣一款、一单一流，率先实现服装定制的最高生产目标——"个性化缝制不降低品质，单件流不降低效率"。智能制造也使企业的制造模式从"以产定销"向"以销定产"转变，并为大规模个性化定制智能制造领域积累了许多成熟的经验。

今后，报喜鸟将进一步拓展线上及线下合作伙伴渠道，第三方定制服务通过云翼智能个性化定制系统将私人量体业务订单录入，实现系统与供应商的生产系统平台对接。同时，把平台拓展到上下游供应链面料、面辅料等公司，通过对信息流、物流、资金流的控制，从采购原材料开始，制成中间产品以及最终产品，最后由销售网络把产品送到消费者手中，将供应商、制造商、分销商、零售商及用户连成一个整体的功能网链结构，通过该系统协同完成整个供应链的环节配合。

进一步地，报喜鸟将把工业互联网作为下一步推进智能制造的重点，广泛应用大数据、人工智能、云计算等新技术，对组织、流程、模式等进行全方位的数字化改造，对智能制造平台进行再升级，以其为载体重构与合作伙伴的关系，形成互利共赢的新型生态链，实现人与设备以及设备与设备的互联互通，构筑集工艺标准、工业物联网、工业大数据、人工智能于一身的行业级工业互联网平台。目标是人均效能由3.0件提升到4.0件，现有产能提升2倍，定制订单交货期由7天缩短到5天，定制业务占比由现在的 30% 提升到 50%。

20多年来，报喜鸟坚持做一件事，即"做出更适合中国人体型的西服"，为此始终秉持恒心、匠心、诚心、创新，归根结底是以初心来铸造品牌优势，提升品牌价值，打造大国品牌。当前，随着中国制造业发展由传统制造向智能制造转变，由大国制造向大国品牌转变，以及中国的消费需求向年轻化、个性化、定制化发展，报喜鸟深刻洞察变化，顺应时代步伐，牢牢抓住国家和市场发展机遇，推动西服及其他服装向时尚化、运动化、民族化、多元化方向发展，并且努力将中国传统文化精髓与世界时尚潮流相融合。同时，积极推动发展理念、产品文化、生产模式、市场营销、供应链管理等方面与时俱进，持续创新。在董事长兼总经理吴志泽的带领下，报喜鸟将继续致力于成为中国服装行业的优秀品牌范本，扎扎实实在制造工艺、产品品质、科技创新等方面体现大国品牌的价值、文化、形象和中国企业家精神，并成为传

企业文化展示厅

播中国文化、引领服装行业向智能制造转型发展的重要代表。

【专家点评】

温州民营企业一直以创新引领为生命线,在不同的历史阶段追求创新升级力,报喜鸟就是其中的典型代表。

一是注重品牌价值的塑造。报喜鸟从 20 世纪 90 年代开始一直以品牌为引领,成为集服装研发、生产和销售于一体的上市服装企业,不仅如此,还不断与时俱进,紧跟智能制造步伐,成为工信部智能制造试点示范企业,领跑服装行业数字化转型。

二是强调"个性化＋智能制造"。报喜鸟西服倡导做出更适合中国人体型的西服,欧美板型的西服不适合中国人的体型特征,"量体裁衣＋大数据应用"成为报喜鸟西服的追求。报喜鸟对 1 亿多名中国男士的体型数据进行采集分析,对西服的衣长、袖笼、肩部、裤长等进行改良。个性化制造离不开智能制造,报喜鸟广泛应用大数据、人工智能、云计算等新技术,对组织、流程、模式等进行全方位的数字化改造,对智能制造平台进行再升级。

三是以研发设计创新驱动西服新潮流。报喜鸟针对消费群体和市场需求的新变化,持续加大研发投入,不仅适应了运动化、年轻化、定制化的轻正装的潮流,成为西装界的新锐势力和行业新的经济增长点,而且催生了新的品牌,丰富了产品种类数,更好地满足了市场多样化的需求。

总之,报喜鸟形成了"品牌＋个性化＋智能化＋研发驱动"四位一体的发展道路,在打造大国品牌和智能制造上形成了特色,是引领服装行业向智能制造数字化转型的典范。(殷德生,华东师范大学经济学院院长、教授)

以最舒适的方式让人们的生活更健康

——上海荣泰健康科技股份有限公司

随着中国经济社会的发展和居民收入水平的提升，中国人的健康意识逐渐增强，对健康保健产品的消费需求增长较快。近年来，中国按摩器具的市场规模持续扩大，已成为全球消费需求增长最快的地区之一，各个年龄段都对这一增长起到推动作用。一方面，中国快速进入老龄化社会，截至2021年底，全国60岁及以上老年人口达2.67亿，占总人口的18.9%，预计"十四五"时期和2035年将分别突破3亿和4亿，占比将超过20%和30%；另一方面，面对繁重的工作压力，越来越多的商旅办公群体处于亚健康状态。由此，具有良好按摩保健功效的现代按摩器具的市场空间也愈加广阔。总部位于虹桥的上海荣泰健康科技股份有限公司作为该行业的先行者，自1997年创立至今，深耕行业20多年，已逐步发展成为中国按摩器具的龙头企业，凭借其优异的产品质量和新兴技术赢得了海内外市场的广泛认可，显现出了极强的品牌效应。

总经理　林琪

抓住和珍惜每一个机会

同许多民营企业一样,荣泰的成长也是从一家小作坊起步的。作为创始人,林光荣像很多温州人一样,从小开始经商,20多岁时养过蜜蜂,之后又做过家具生意,历经了无数次摸爬滚打,一个偶然的机会,林光荣接触到了电动家具项目。经过调研考察后,他认定这个行业有远大前景,于是毅然辞去高薪工作,创立了温州荣泰电子有限公司,扎进了让他真正倾心的事业。此时,林光荣已经52岁。荣泰者,寓意既大且强。荣者,取林光荣名中一字,又有繁荣强盛的意思;泰者,泰斗、泰山也,强大的象征。此二字作为品牌名称,体现出传统中国的文化意蕴。

白手起家创业,日子过得异常艰辛。基于之前的经历,荣泰一开始只做和家具相关的配套振动按摩器配件,当年的全部家当就是一间90平方米的小工厂和七八个员工。林光荣包揽了市场、采购、业务等工作,每天睡觉不到5个小时。由于没有资金做市场推广宣传,林光荣决定在展会上寻求突破。不过,当时的展位费很贵,他只能和别人商量,把自家产品寄放在别人展位的角落,自己就悄悄站在边上,一有人经过,就立即上前发名片,介绍自家产品。赔了无数笑脸,经历诸般辛酸。展会结束后,林光荣又小心翼翼地拨打每一位留下名片的客户的电话,如存在一丝可能,绝不放过。靠着这样的坚韧和努力,市场逐渐打开了,厂房不断扩大,工人不断增多,公司从只生产按摩器配件发展到生产按摩腰带、按摩靠垫等各类产品,每年增长的订单让车间几乎一直超负荷运转。荣泰的品牌雏形诞生了。

林光荣的儿子林琪负责公司业务后,面对陈旧的设备、偏小的规模、滞后的技术,思考着如何突破"家庭作坊"约束的解决

荣泰健康在上海坐拥三大厂区（占地 68 666.7 平方米）

方案，旨在改变小生产、小规模的格局，寻求新的发展机遇和发展方式。凭借胆识和谋略，林琪将目光投向了中国最大的经济中心城市——上海，他认为这对企业的长足发展是有利的。于是，2004 年，公司搬迁至上海朱家角，以一座现代化的新工厂开启了公司的新征程。进驻上海后，林琪果断提出"创中国行业第一品牌"的企业愿景，并明确了"做专、做精、做强"的企业宗旨。他深知"得人才者得天下"，从电子、机械到工业造型，荣泰技术研发中心聚集了一大批优秀技术人才，其中各类工程技术人员 102 名，高级职称 18 名。

受 2008 年国际金融危机的影响，国内出口导向型企业遭受重创，按摩器具企业的出口形势同样不容乐观，但荣泰的销售业绩在恶劣的经济环境下，不降反升，主要原因就是以林琪为首的荣泰高层领导的正确决策和投资。在其他同行对国内市场还不重视，一门心思大赚外汇的时候，林琪就开始转向国内市场的开拓。在经济压力导致同行节省开支时，他却投入巨资推广品牌形象和培育市场。比如，斥资在中央电视台二套和四套节目黄金时段播放广告，在《东方航空》和《南方航空》等高端杂志刊登内页整版广告等。林琪还积极借助国际国内各大平台，抓住一切可以与大事件结缘的机会，拓展品牌影响力和辨识度。如，2008年，荣泰作为业内唯一的按摩椅品牌进入北京奥运会，是中国航天事业的合作伙伴；2010年，荣泰成为上海世博会专项赞助商和2022年北京冬奥会赞助商等。这些都为荣泰进一步提升品牌和产品的知名度、美誉度与影响力奠定了良好的基础。

当前，荣泰以"进入千万家庭，服务亿万用户"为愿景，发展成为一家集研发、制造和营销于一体，专注于健康产业的按摩器具、科技养生解决方案供应商和品牌服务商，形成了以上海虹桥为总部，以上海朱家角为研发制造基地，以浙江南浔为制造基地的总体格局，旗下拥有多个跨地区、跨行业的子公司，涉及智能按摩器具、智慧家居、共享按摩等多个领域。迄今，荣泰按摩椅出货量已达到250万台。

核心技术造就市场领先地位

"如果我是用户，我到底需要什么样的按摩椅？我们会认真分析需要考虑的因素，如经济能力、生活方式、个人喜好、家庭成员等，以此判断产品功能哪些需要，哪些不需要。"这是总经理林琪经常思考的问题。他有很强的代入感，总能从消费者的需求来抓住新的创新点。这些创新点贴近实际、贴近生活、贴近需求。

第一次看到荣泰研发的最新款按摩椅时，感觉就像一个个太空舱，搭配上蓝色、红色或香槟金的配色后，科技感和时尚感扑面而来，显现出奢华高贵的气质，让人一看就知晓其高端按摩椅的定位。用户坐在按摩椅中，能感受到非常明显的包裹感，可以将双手轻松地搭在质感十足的皮料上，体验极度舒适和柔软。

反映按摩椅技术水平的重要组件是机芯，这也是决定按摩效果的核心影响因素。现在，3D机芯已经成为高端按摩椅的基本配置，但大多3D机芯是二轴的，即只能进行上下、左右四个方向的按摩。这就会导致在按摩头部和其他一些部位时，按摩头的伸长距离不够，按摩只能到达肌肉表层，按摩效果不佳。而荣泰按摩椅的产品迭代在很大方面是机芯的发展改进，即从最早的固定机芯，到之后的2D机芯、一代3D机芯、二代3D机芯。目前最新的按摩椅采用的是三轴联动3D筋膜机芯，其按摩头可前推8厘米，实现机械仿真人手指力按压，力度直达酸痛肌肉深层，有效缓解久坐酸痛疲累，让人感觉到真正的放松。与普通按摩椅大多采用"单机芯"设计不同，荣泰按摩椅除了采用能有效

Ⅰ代-2003	Ⅱ代-2007	Ⅲ代-2009	Ⅳ代-2012	Ⅴ代-2019
无导轨	直导轨	S型导轨	SL型导轨	柔性导轨
固定机芯	2D机芯	一代3D机芯	二代3D机芯	三代3D筋膜机芯
小腿气囊 靠背固定机芯	局部气囊 零重力模式 四种手法行走机芯	全身气囊 肩位检测 背部曲线行走导轨	小腿揉搓技术 智能语音技术 防夹伤技术	双机芯技术 AI智能语音 双向拉筋技术
RT-H05	RT-Z05	RT8302	RT8600S	RT8900

荣泰健康产品迭代历程

贴合人体背部曲线的 3D 深层筋膜按摩机芯外，还增加了臀部专用按摩机芯，"双机芯"同时工作，可同步实现颈部、肩部、腰部、臀部的大范围按摩。另外，导轨也是荣泰技术革新的重要方面，最新研发的柔性导轨能够让按摩椅的躺倒角度发生更大的变化，使按摩有效行程从 1 160 毫米增加到 1 210 毫米，能实现"零重力"按摩，彻底放松身心，甚至泰式拉筋也不在话下。荣泰的这些核心技术拥有大量专利，开创了行业的先河，引领了行业的发展。

荣泰按摩椅还有其他优点。例如，多达 50 层气囊实现"怀抱式"按摩；通过间歇式的充放气，仿真人推、拿、挤、压手法；以石墨烯加热将体感温度保持在 45—50 度，促进按摩疗效，加快血液循环；配备 AI 语音智能，无论离线还是在线，只要动动口就能简单操控按摩椅；双重音响环绕，当用户闭目养神躺在按摩椅上时，连接手机就可以直接听音乐，舒服的按摩配合清晰的音质，非常享受。此外，按摩椅整机能耗达到国内一级水平，主要电器部件在线路、程序中设置保险装置，确保通电和使用过程中不会造成触电、火灾等安全事故。

核心技术以及对细节的把握是荣泰多年来持续发展的法宝。秉承"以最舒适的方式让人们的生活更健康"，荣泰坚持做"更专业的按摩椅"，高度重视技术研发和创新，大力投入各类资源，每年的研发支出占到总支出的 3.5%—5%。在过去的 26 年里，荣泰已成功建立了以技术中心、产品中心为基础的理论研究、技术开发和产品研制的三级技术研发体系，拥有设备先进的研发实验室。截至目前，已拥有各项授权专利 765 项，其中发明专利 30 项，软件著作权 18 项，通过了 ISO9001 质量体系认证、ISO13485 质量管理体系认证、ISO14001 环境管理体系认证，产品获得了 CE、CB、ETL、RoHS、PSE、FCC 等多项品质和安全认证。

未来，荣泰将继续从四个方面寻求突破：一是加强对按摩椅前沿技术的研究，包括机芯、导轨、按摩工艺手法等方面；二是通过产品外观设计、材料等方面的创新，创造消费需求，引领行业趋势；三是以按摩椅为载体，应用外部技术，诸如对智能语音交互、VR、健康数据采集等新技术进行转化，以丰富功能，提高用户黏性；四是通过流水线排布及生产动作优化，在保证质量的前提下，提升产品的制造效率。这四个研发方向契合了全球数字化转型和新一轮产业变革的前进方向，又顺应了中国市场对产品技术化、数字化、年轻化、时尚化的需求和期待，是在市场竞争中提高企业品牌和产品竞争力的关键所在，也是在技术竞赛中获取更大竞争优势的重要途径。

产学研协同是荣泰进一步加强技术研发的关键手段，荣泰积极与复旦大学、同济大学、上海大学、上海中医药大学等高校进行合作，在人工智能、自动检测及其他新技术、新工艺上共同探索优化，在人体工学、穴位按摩、结构优化等方面共同开发，为产品设计提供技术支持，为产品开发提供数据支撑。产学研合作大大缩短了产品开发周期，保障了产品在行业中的领先性。

多元化营销助力销售规模逆势上涨

近几年，市场环境日新月异，给企业的品牌营销提出了更高的要求。基于多年的深耕和建设，荣泰坚持以产品为核心，以市场需求为导向，不断调整营销策略，其销售模式已经从早年的展会推广、之后的经销模式，发展到如今的经销、直营、电商、体验店、ODM（Original Design Manufacturer，原始设计制造商）等多元化的方式，形成了传统和新兴销售渠道的"混搭"，推动销售规模逆势扩张。

与其他商品不同，按摩椅的重要属性是体验，荣泰从一开始就积极布局线下渠道。2005年，荣泰在上海百联、万达、新世界等高人气的大型商场和连锁卖场内设立30家直营门店。之后，荣泰在上海以直营模式，在其他地区以经销模式迅速开拓下沉市场，逐步将新门店开到三线、四线、五线城市及部分县城，充分利用门店覆盖周边范围，不断挖掘市场增量。目前，荣泰在全国拥有近1 500家门店，一线城市覆盖率达到100%，地级市覆盖率达到85%。荣泰十分注重展示和提升品牌形象，在开拓线下门店的同时，对终端门店做了统一的设计规范。

2016年开始，全国共享之风袭来，荣泰强势进军共享按摩服务市场，"摩摩哒"品牌相继进驻全国32个省、2 164个县市的知名商超、头部影院及重要交通枢纽等人流密集场所，成为共享按

荣泰门店新版视觉方案

摩服务中的龙头，实现了"体验按摩"到"按摩器材入户"的销售转化。2021年，荣泰还尝试了具有品牌曝光度高、人货场匹配度高、引流方式精准多样等优势的临街专卖店模式，进一步推动品牌渠道的形象升级和渠道结构的多元化。伴随线下中高端按摩椅需求的明显增长，荣泰集中资源打造爆款，提高单机销售效率，整体线下门店业务成绩屡创新高。

2011年开始，荣泰在天猫、京东等大型电商平台设立店铺，虽然只是试水，但当年收获颇丰，随即在第二年配备了专业的人力和物力，形成了独立和专业化的电商运作团队，之后几年的销售规模迅速增长。近几年面对疫情，线下门店销售遭到比较严重的冲击，线上渠道的重要性凸显。对此，荣泰以年轻化和科技感打造爆款产品：一方面，继续与天猫、京东、苏宁易购等传统电商合作，已连续多年在天猫和京东的"618"和"双十一"自营按摩椅行业类目中位列第一；另一方面，不断尝试全球知名IP、直播、微博、微信、头条、抖音、快手、小红书、短视频、达人种草等新兴渠道，加深消费者对品牌和产品的认知。2019年起，随着直播、短视频等传播模式的兴起，"网红带货"成为打开销售市场的多赢之路。荣泰极为重视，积极参与其中，将新模式不断融合、为己所用，构建了"头部主播+达人主播+店铺自播"的直播体系。2021年，荣泰共计同50余位直播达人合作，直播近百场次，其中，与李佳琦、罗永浩等头部主播的合作，给品牌和产品带来了极大的流量和销量。荣泰也加强了短视频平台的运营，2021年制作输出短视频超1 000条，播放量同比增长165%，线下完成视频拍摄制作超400条，有力地支撑了门店、商场、展会、朋友圈等渠道的内容传播。

为进一步提升品牌的年轻化、科技感和时尚性，引发和推高话题热度和流量，2021年10月，荣泰邀请巨星王一博作为荣泰按摩椅全球代言人，借代言进一步提升品牌的年轻化和活力感，成为破圈的强劲推动力。海量的粉丝群体有效增强了荣泰的品牌传播力度，代言活动在全网获得了同行业前所未有的巨大声量，也让线上流量与线下客流均领先于同行业其他品牌。粉丝中大量的潜在顾客也带来了可观的直接销售转化。荣泰还与迪士尼漫威合作，签下超能陆战队、漫威英雄人物、小飞象以及迪士尼中英文商标，将其融入产品设计，推出多款联名产品，如黑豹按摩椅、大白按摩椅、蜘蛛侠口袋筋膜枪等，在一线、二线城市多次主办"荣泰&漫威主题展"，提升了荣泰品牌背书与产品溢价，让产品焕发出新的内涵与年轻活力。迪士尼漫威形象也被融入全国线下门店、体博会等大小展会与展销活动，为荣泰带来了更多的客流量。

健康产业是 21 世纪的朝阳产业。"十四五"规划明确提出："全面推进健康中国建设。把保障人民健康放在优先发展的战略位置。"如今，健康、保养已经作为一种理念融入每个人的生活中，保健产品的需求将继续扩大。按摩椅作为按摩器具中市场份额最大、附加值最高的产品品类，是按摩器具中的集大成者，结合了各种按摩功能，对人体的覆盖最具广度，也受到了越来越多人的青睐。荣泰作为按摩器具行业的先行者和引领者，自创立以来就致力于以"人无我有，人有我优"为导向，将产品创新、模式创新、服务创新和文化创新紧密结合，期望带给消费者更舒适的使用感受，帮助消费者共享健康时尚的生活方式，并引领现代生活方式的新潮流。总经理林琪常说："运气，是让自己还有继续努力的机会；努力，是为了证明自己到底有多运气。"这句话可以说点出了机遇和勤奋对于一家企业持续健康发展的重要性。荣泰志在成为中国行业第一品牌，成为国际领先的时尚健康电器专业服务商之一，正立足上海、走向全国、联动海外，以自己的品牌形象

2020年荣泰与漫威达成合作

MARVEL
© MARVEL

以最舒适的方式让人们的生活更健康 | 093

和技术创新向这一目标不懈努力。

【专家点评】

一家"小作坊"如何逐步成长为"行业龙头"？总部位于虹桥的上海荣泰健康科技股份有限公司自1997年创立，深耕行业20多年，终于成为中国按摩器具龙头企业的故事对每个白手起家的创业者、对每个追求发展的城市都深有启发。

荣泰以"人无我有，人有我优"为导向，从一开始就以坚韧不拔的毅力、持续强劲的创新动力，把握每个机会发展壮大，这一点是每一个创业者都应该自我审视判断的。当荣泰适时将目光投向中国最大的经济中心城市上海后，特别是果断提出"创中国行业第一品牌"的企业愿景，明确"做专、做精、做强"的企业宗旨后，对于创业者而言，意味着新的发展阶段的开始：既需要胆识和谋略，更需要睿智和坚定；既需要新的发展理念，更需要新的发展格局。

在此基础上，荣泰从消费者的需要出发，持续不断以技术创新推动产品创新，以营销创新拓展市场空间，充分展示了一个民营企业如何在外部环境不断变化之时，以十足的创新活力、强大的创新能力，形成很高的创新绩效。作为成千上万的上海民营企业一分子，荣泰已经形成了独特的"荣泰经验"，并代表中国的按摩器具行业在全世界大放异彩。

事实上，荣泰的成长经历不仅适用于同行业乃至跨行业的白手起家的创业者和企业，对于期待提升创新绩效的城市而言，同样值得思考借鉴。无论城市大小，提升城市创新绩效、推动城市高质量发展可能的关键在于，通过良好软硬创新环境的营造，尽可能吸引一批批创新动力十足的企业家来城市发展，尽可能"放管服"以减少对企业的束缚而使其创新活力十足，尽可能培育和提高企业的创新能力，在持续推动整个城市企业创新的基础上，实现城市的高质量发展。（吴建南，上海交通大学讲席教授、改革创新与治理现代化研究中心主任）

成为受人尊重的百年中通

——中通快递股份有限公司

21世纪初，随着中国电商行业的兴起，消费者购买力的日益增强，大多数人的消费习惯也随之发生改变。电子商务极大地联通了商户与消费者，使得地理界线不再明显，商品市场更大，消费者选择更广、实惠更多。电商行业繁荣发展的标志性事件是每年的"618""双十一"等购物狂欢节。每到这一时期，大量商品从各地送到消费者手中。可以说，网购极大地增加了快递数量，也让快递公司如雨后春笋般发展起来，并迅速成长。其中，中通快递就是商家和百姓经常使用的一家快递服务供应商，其业务在国内居于领先地位，是中国电子商务市场快速增长的重要推动者。

从最初57件到超7 000万件

2002年5月8日，现任董事长兼首席执行官赖梅松创建了中

董事长　赖梅松

通快递。在这之前的十几年，他主要做木材生意，积累了一定的创业资本。1993年，申通快递公司在浙江桐庐成立，里面许多人都是赖梅松的老乡和同学。受到他们影响，赖梅松逐渐转行进入了快递行业。

创业之初，赖梅松等买了辆金杯面包车，以1.8万元的租金租下4个房间：一楼2间，一间做运营网管，一间做客服；二楼2间，一间做董事长与总经理办公室，一间做财务室。开业第一天，全网业务量仅为57件，之后的几年每天平均也就数百单，多时数千单。当时，快递经营正处于"灰色时代"，经常会碰到很多问题，就连"扣件"的情况也时有发生，每一步走来都不容易。大家能做的就是努力用心去经营，不管遇上多少问题，遇到多大困难，都积极面对，第一时间去解决，哪怕半夜出现问题，处理起来都不敢有片刻的耽搁。

2005年，中通快递率先在民营快递业中开通了长三角至广东、北京的跨省班车。2008年率先推行"有偿派费制"和预付款结算。然而，由于件数不多，公司基本处于亏损状况。但是，赖梅松和创业团队坚持了下来，在夹缝中求生存、寻出路、谋发展，他们历经艰险坎坷、风雨同舟、砥砺前行，终于迎来了重大的发展契机。

2009年，新《邮政法》的颁布实施，让民营快递企业有了合法地位，政策红利让中通快递的发展步入快车道。赖梅松等审时度势、谋定而动，加快基础建设投资，购地建厂，创建直营和股份制车队，研发和应用自动化分拣设备，有效降低了运营成本，提升了资产效率。中通快递还实施了全网一体化战略，完成了股份制改革，集中力量实现了全网业务的快速发展。2016年，中通快递成为中国包裹量最大的快递公司，总包裹量达到45亿件，市场份额占到14.4%。

中通快递总部

2016年10月，中通快递在美国纽约证券交易所成功上市，成为当年美国证券市场最大IPO（Initial Public Offering，首次公开募股），也是第一家赴美上市的中国快递企业，为世界了解中国快递打开了一扇窗口，也开启了公司发展的崭新篇章。自此，中通快递积极谋划产品矩阵，创建中通国际、快运、云仓、商业、传媒、金融、智能、航空、冷链、兔喜等生态版块，从快递的"单兵作战"向多生态的"联合作战"体系迈进。2020年，中通快递在香港二次上市，成为首家同时在美国纽约、中国香港两地上市的快递企业，实现新的突破。

如今，中通快递的日单量已经超过7 000万件。2021年全年业务量达到223亿件，同比增长31.1%，高于行业平均增速，市场份额达到20.6%。截至2022年第三季度，全国服务网点超过3.1万个，转运中心97个，直接网络合作伙伴超过5 850个，末端驿站超过 8 万个，干线运输线路约 3 750 条，网络通达 99% 以上的区县，乡镇覆盖率超过 94%。中通快递还先后在中国港澳台地区、美国、法国、德国、日本、韩国、新西兰、阿联酋、马来西亚等设立中转仓，推出欧盟专线、美国专线、日韩专线、新澳专线、东盟专线、中东专线、非洲专线及全球其他国家专线的包裹寄递、物流配送业务。同时，中通快递还以实际行动履行企业社会责任，在绿色快递、安全保障、助力乡村振兴等方面不懈努力，通过抢险救灾、爱心助学、免费寄递、运输疫情防控物资等多类公益活动积极回报社会，传播行业正能量。

更快速！更精准！更智能！

在中通快递总部，无论白天还是黑夜，都是一派繁忙的景象：一辆辆货车进进出出，秩序井然；在仓储间，一条条自动化流水线不停地运行着，一件件快递在传送带上"飞奔"。忙碌的背后，是中国的互联网用户数的飞速增长。2021 年底，中国互联网用户人数已高达 10.32 亿，网购人数则攀升至 8.42 亿。2021 年 12 月 8 日上午 9 点 3 分，中国快递年度第 1 000 亿个包裹诞生，标志着中国快递进入"千亿件时代"。市场需求的急剧膨胀倒逼中通快递在运输过程中更快速、更精准、更智能，效率始终成为核心发力点。为此，中通快递以科技提升一流运营能力，以持续创新提高运营效率。

在高速公路上，蓝白双色的中通快递运输车格外醒目。中通快递已有约 1.1 万辆干线运输车，其中，超过 9 300 辆是 15—17 米的高运力甩挂车，是"通达系"中最大的自有干线运输车队。

中通转运中心设备

为了进一步扩容、减重、降碳，中通快递开发改进了车辆的部件，设计出弧形铝制拖车。与传统的方形钢制集装箱相比，新拖车容量更大（145立方米相比于127立方米），重量更轻（6.7吨/辆相比于9吨/辆），提高了车辆的燃油经济性，降低了运输成本。同时，借助数字化手段可以根据货量动态预测运力需求，无缝调度运力，精准调配人员，减少快件的流转环节，大幅提高车辆装载率，实现运输时效和成本的最优化。此外，干线车辆还使用嵌入了RFID（Radio Frequency Identification，射频识别）芯片的米其林轮胎，能够评估车辆速度，估计油耗等实时运行状况及磨损情况，以安排适当的维护周期。在中通快递织就的全国运输网络中，交通大动脉的运输大量依靠这些具有高技术性能的车辆。

在自动化流水线分拣的仓储间，传输带把一件件货物送到一台台安检扫描仪内，通过自动化安检扫描，运送到各条传输带上，再自动分拣装车，运送到世界各地。全自动分拣系统单层每小时

中通运输车辆

可分拣快件约 2.4 万件，双层每小时可分拣快件约 4.8 万件，分拣准确率高达 99.99%。智能分拣柜则为中心发件分拣、网点派件分拣提供综合分拣解决方案，通过软硬件结合，帮助转运中心实现分拣前置，将货物直分到网点派件员。中通快递董事、副总裁王吉雷带着温州口音自豪地说："这些自动安检扫描仪可是我们公司自主研发的产品，过去这里都是人工操作，密密麻麻的员工拿着扫描机人工扫码称重，之后分别放进传输带上。如今，自动化安检扫描仪代替了工人。机器换人，一下子让这批员工解放了，也降低了公司生产成本，为消费者提供更优惠更便捷的服务。"自动分拣线使中通快递获得了巨大的收益，单件货物运输和分拣成本分别从 2017 年的 0.77 元和 0.39 元，下降到 2021 年的 0.52 元和 0.30 元。这些"人无我有"的创新起始于 2015 年，中通快递开始在装卸车过程中采用伸缩式传送带和全集成的动态称重机，使包裹的尺寸和重量能够在高速流动的情况下被测量。此后，中通快递不断推动技术创新，与中国科学院合作开发了多代自动分拣技术（如小件交叉带分拣设备、大件摆轮分拣设备、动态秤等），并重新设计复杂软件（包括数据化算法、实时分析和重新校准），以支持高速分拣，确保快速可靠地采集和发送包裹数据。从2016年到2022年第三季度，中通快递的自动分拣线从8套大幅增加到441套。

快递运送的"黑科技"

"这么大的无人机，要送快递？""以后我们的快递都用无人机送了？真高级啊！""不用绕远路去镇上拿了，快递从天而降。"2021年12月4日，桐庐县富春江镇芦茨村村委楼前，大家都在围观一架印有"中通快递"字样的无人机起飞、降落。当大家听到"唰唰唰"的螺旋桨声由远及近，一架直径一米多长的无人机从天而降，稳稳落在标靶上时，简直惊喜坏了。快递，进入无人机时代了！

中通无人机的规划线路是从芦茨村快递驿站出发，配送至青龙坞、白云源、严陵坞等自然村。"这3个自然村都没有快递点，村民到镇上取快递，自驾来回要40多分钟，而且进村的盘山公路仅容一辆车通行，快递车送货不方便。如果天气再冷点，路面结冰则更危险。"中通快递无人机运营高级工程师杨俊说，"我们一周配送3到4天，3个自然村加起来每天飞8个来回，无人机到村里只要七八分钟，方便又安全。以桐庐作为试点，一旦无人机配送模式成熟后，我们计划在全国推行。不仅局限于山区，在城市，用无人机快递投送货物，配合医疗应急运输；在农村，用无人机

中通无人机

配送生鲜农特产品等。"一星期后，中通快递又与天域航通合作，在新疆运用大型货运无人机"鸿雁"完成载货飞行，航程近500千米。这是中通快递大型支线物流无人机首次载货飞行，也是中通快递在国内开通的首条常态化无人机支线物流运营航线。

无人机配送只是中通快递为降低物流成本、缩短配送时间而进行尝试与探索的前沿技术之一。除此之外，还有无人车、智能仓等其他"数智"化技术。在中通快递千余人的技术研发部门中，有一支约50人的业务创新团队，其主攻方向就是无人机、自动驾驶等前沿技术。在中通快递常务副总裁朱晶熙看来："只有把握新的机会点，提前储备技术拿到船票，才有机会给快递行业带来颠覆性的变革。"

2020年10月，中通快递成为首批获得无人物流车商用牌照的快递企业，标志着中通快递的无人驾驶物流车已经可以在指定区域商业化运营，自动驾驶技术在物流快递领域的应用迈入了新的阶段，消费者距离开启城市内支线物流快递智能配送也更近了一步。2021年12月，矩阵数据科技研发设计的中国首款无人驾驶快递物流车"开拓者号"，在中通快递总部启动应用场景内测。该款无人车在机动车道行驶，设计时速超过70千米，可根据网点到驿站及小区的场景需求提前设定路线。一般而言，普通快递员日配送量在300—500件，而"开拓者号"每天可完成2 000件以上的包裹配送目标。中通快递副总裁金任群表示，目前快递公司的整个运营过程越来越接近无人化，但在快递末端的配送环节依然完全依赖人工。从降低成本方面考虑，无人驾驶作为运营的配套工具，是最容易体现效益的。在智能仓方面，中通云仓科技自研的景天系列全场景物流管理平台，可实现全渠道库存的可视化与共享化，促进韧性、高效、敏捷的物流供应链体系构建。

中通快递的"绿色革命"

随着快递量的连年大幅增长和人们环保意识的逐渐提升，过度包装、浪费材料、环境污染等问题已经引发了人们的广泛关注。自国家邮政局发布实施绿色发展"9917"工程以来，中通快递打响"绿色革命"，积极打造绿色快递，助力实现快递行业的绿色未来。

以前签收的快递外包装被塑料的封口胶带缠了一圈又一圈，拆都要拆很久。现在不一样了，外包装"瘦身"了，包装纸箱也没有以前那么厚实了，面单也不再一张又一张了。随着绿色行动的迅速落地，这样的变化已成为越来越多消费者的共同感受。

这些变化的背后，是中通快递近年来在绿色包装方面采取的一系列创新举措：2019年，推出了一联电子面单，相比五联单节约了4张纸，当前使用率已达100%。优先采购符合国家标准、行业标准及国家有关规定的45毫米以下"瘦身胶带"，目前的封装比例达到92.62%。在全国90多个转运中心和部分网点使用绿色循环中转袋，已累计投入超过1 800万个，使用率已达98.62%；与传统的一次性编织袋相比，绿色循环中转袋可重复使用100次以上，单次使用成本节约50%以上。2020年，上架了可降解防水袋，该包装袋具有质量可靠、密封性强、耐撕裂、承重强等特点，且无毒无异味，对人体无害，使用后在堆肥状态下可降解为二氧化碳、水和有机肥料。持续推进"回箱计划"，在全网范围内累计投放超过2.4万个包装废弃物回收装置，促进包装分类回收、循环使用。

在绿色运输方面，中通快递通过绿色物流将环境管理导入该环节，通过末端绿色快递、优化运输干线、投入新能源汽车、使用车用尿素、推行高运力车型等举措，减少温室气体排放和大气污染，提高能源利用效率，减少物流运输对环境和气候造成的危害。

董事长兼首席执行官赖梅松说过一句话："中通不是哪一个人的中通，是所有中通人的中通，是社会的中通！"可以说，中通快递一路走来，从追随、追赶再到领先，规模由小变大、效益由低变高、家人由少变多，但不变的是"同建共享、信任和责任、创新和企业家精神"的核心价值观，不变的是以"公平、效率、结果"为核心的经营管理理念，不变的是"诚信、简单、高效、相信"的中通快递文化，正是这些变与不变的融合，使得中通快递在过去的发展中厚积薄发，在践行"用我们的产品造就更多人的幸福"的使命道路上迈出坚实的步伐，走过了一条从利己、利他到利社会的发展道路，成为中国快递业的中坚力量。

根据2021年中央网络安全和信息化委员会印发的《"十四五"国家信息化规划》，到2025年，中国网上零售额将达到17万亿元，5G用户普及率将达到56%，网民规模预期目标为12亿人。这就意味着中国对快递的需求仍将继续增长，对于快递公司提供更快时效和更高质量服务的期待会进一步增强，快递行业的竞争也将更为激烈，这些无疑将继续推动中通快递加大研发力度，加强技术创新和科技赋能，并更好地履行环境保护、爱心助学、乡村振兴、危机救助等社会责任。作为上海温州商会的一员，中通快递将在这一发展进程中不断做强，努力实现"成为受人尊重的百年中通"的企业愿景。

【专家点评】

中国快递行业的领军企业之一中通快递的成长与发展，在中国快递行业中具有典型性与代表性。该公司重视科技赋能、绿色发展的理念和举措，既为中国快递行业的未来发展树立了标杆，也为企业自身持续保有战略性竞争优势奠定了基础，其中的启示有三点：

首先，持续创新带来的运营效率提升，是企业永续发展的核心竞争力。当一个企业成为行业头部时，虽然具有的规模优势可能会带来企业的规模效益，但对于快递这样一个进入门槛相对较低、竞争比较充分的行业来说，严酷的市场竞争始终是企业发展必须面对的外部环境。只有通过科技赋能增强企业运营能力，通过持续创新提升企业运营效率，才能在降低成本、提升效益方面形成先发优势，从而在市场竞争中立于不败之地。中通快递通过扩容、减重、降碳降低运输成本，通过数字化手段实现运输成效和成本最优，通过自动化流水线分拣提升人力效率，都有效地助力企业不断提升成长的可持续性，增强核心竞争能力。

其次，科技赋能要重视前瞻性布局，只有提前储备，才能有备无患。未来的市场竞争是不确定性竞争，黑科技可能带来颠覆性格局变化，在既往的商业发展史上屡见不鲜。对于行业领军企业而言，提前储备行业发展科技，不仅是企业未来发展的需要，更是企业未来生存的需要。特别是在百年未有之大变局的时代背景下，重视企业发展所需的前瞻性科技布局，尤为必要。中通快递的无人机配送与无人物流车等前瞻性科技的研发和试用，可以说是企业对未来的最好投资。

最后，"绿色革命"是快递行业的未来方向，头部企业责无旁贷，需要持续努力。推动绿色发展，促进人与自然和谐共生，既是中国式现代化的内在要求，也是中国企业家的社会责任。社会责任表现良好的企业不仅可以获得社会利益，还可以改善风险管理，提高企业声誉。企业追求绿色发展，要能够从绿色的改变中寻找到激励与动力，最根本的途径就是通过"绿色革命"，实现企业社会效益与经济效益的双赢。中通快递的绿色包装、绿色运输已经具有一定的基础，但绿色发展没有止境，"绿色革命"仍有很大潜力，头部企业还需持续努力，久久为功，为建设美丽中国、实现"双碳目标"，勇当标杆、勇立潮头。[余佶，中国浦东干部学院经济与工商管理教研部副主任(主持工作)、长三角研究院副院长]

书写体育用品零售新传奇

——上海锐力健身装备有限公司

近年来，社会发展飞速，生活节奏加快，"亚健康"已经成为现代人不可忽略的健康问题。越来越多的人开始关注健康问题，崇尚健康的生活方式。在做好体育用品分销的同时，上海锐力健身装备有限公司始终坚守自己的使命，倡导积极健康的生活方式，将运动产品以丰富、有趣的形式传递至生活的各个角落，以助力每个人的健康与生活品质为愿景，成为消费者首选的运动、潮流品牌的零售专家。作为国内领先体育用品零售商之一，锐力体育凭借6双鞋、6平方米的创业美谈，顺应体育零售新潮流，经历30多年发展历程，实现传统零售到数字化新零售的转变。作为较早发现经销商市场的公司之一，锐力体育不仅从"白手起家"发展到"引领潮流"，而且掌握住了"财富密码"，紧跟时代发展，把分公司从一家做到十家。锐力体育从最初的品牌代理商发展成了高效率零售管理公司，书写了一段中国体育用品零售商的传奇故事。

董事长吴建光在武汉江汉路X118耐克球鞋疯会（Nike Kicks Lounge）店

从 6 双耐克鞋到引领运动潮流的新零售专家

20 世纪 80 年代，改革开放不久，温州响应政府号召，积极投入经济建设，民营企业像雨后春笋一样纷纷破土而出。锐力体育创始人吴建光刚刚大学毕业，由于上学时就热爱体育运动，他把父亲公司旗下的山地车店做得有声有色，还组建了规模不小的自行车队和自行车协会。吴建光很快发现，骑行爱好者的装备也是一块不小的市场，于是他开始尝试做起了各类体育用品的生意，零散地卖一些运动品牌系列产品。

1987 年，创始人吴建光在上海淮海路买了 6 双耐克运动鞋，因为买得多，商场就给他打了九折。回到温州，他每双加了点钱就转手出让，这是他做的第一笔与耐克产品相关的生意。1994 年，尝到了甜头的吴建光在温州注册了自己的公司——温州锐力体育用品有限公司，并成功与耐克公司签订了代理协议，开启了锐力体育的第一步。因耐克将中国地区总公司迁入上海，基于有过愉快的合作，耐克真诚邀请吴建光也到上海发展，于是 1997 年吴建光带着在温州积累的经验和积蓄开始了上海的商海生涯。

20 世纪末 21 世纪初，正逢全民体育健身热潮，耐克、阿迪达斯等知名体育品牌先后进入中国市场。任何行业都讲究一个"第一"，吴建光发现了这一行业的商业价值，顺利抢占先机。1998 年，基于彼此合作积累的信任，耐克美国总公司将南京东路上最好的店面交给吴建光运营。尽管初到上海的锐力体育正赶上金融危机，发展并不顺利，但吴建光从未轻言放弃。有了耐克的成功代理，锐力体育在上海渐入佳境，步入正轨。耐克之后，1999 年锐力体育顺利拿到了阿迪达斯的代理权。自此以后，锐力体育成功开拓了公司商品的种类，从而收获更多受众，在上海乃至中国的零售行业站稳了脚跟。

2004年，上海锐力健身装备有限公司成立，主营业务拓展至休闲类鞋品、服装、配件和运动器材，为消费者提供沉浸式运动体验。在多方共同努力下，2005年，锐力体育成为耐克和阿迪达斯的全球战略合作伙伴，证明了"零售商"的重要性。2008年，锐力体育在上海南京东路的耐克旗舰店正式开业，越做越大。2009年，锐力体育设立了自有潮牌孚马（Footmark）多品鞋店，主打年轻潮时尚。

锐力体育开拓思维，并没有局限于体育用品零售这一个业务，而是广泛地尝试与体育有关的各种内容的探究。2015年，为了给顾客提供多方面、沉浸式的体验，锐力体育成立了羚跑跑步俱乐部（Hioryx Running Club），主要进行训练跑、马拉松、每周例跑等服务。后续锐力体育又先后成立了女子俱乐部、篮球俱乐部、收藏家俱乐部、飞翔俱乐部、街头俱乐部等，成为瑜伽、篮球、街舞多种运动项目爱好者的聚集地。在销售产品的同时，锐力体育不断增加与客户之间的黏性，从各种角度渗透进受众的生活中。

吴建光始终坚持"助力每个人的健康与生活品质"。这一理念始终是锐力体育一以贯之的使命，成为消费者首选的运动服务专家更是锐力人的愿景。通过对"新零售、高单产、高效益"的重新定义，锐力体育凭借着零售数字化、消费者社交化、故事趣味化、管理高效化、产品精准化，从单一的产品代理商发展成为高效的零售管理公司与社群共享平台。在吴建光的心目中，锐力体育将迎来自身发展的美好前景：不仅要成为零售行业的龙头企业，更要发展成为体育共享产业。

企业总部

科技、时尚与潮流的碰撞

随着时代变化，零售行业从货品为王、顾客为王，开始进一步向兴趣为王、体验为王转移。想要抓住年轻消费者就需要更好地从他们的兴趣和体验入手，将他们吸引到店，使他们停留在店，从而做到转化和复购。传统零售较多依赖线下门店模式，由于实体店客流大幅下降，消费者的购物习惯和消费理念发生巨大变化，传统运营模式的弊端显而易见。吴建光清晰地认识到，如果不做出及时的创新和变革，公司注定要被时代淘汰。

在吴建光看来，未来，跑步不仅仅是一项运动，更是一种时尚、一种社交手段。人们在关注跑步运动的同时，更关注有机环保、健康的生活方式。从结构上来看，中国体育产业目前占比最大的还是体育用品。跑步产品是体育消费的新金矿。锐力体育作为最大的体育用品零售商之一，看准未来运动市场发展的趋势与方向，开创了一种全新的商业模式：集跑步装备、培训课程、健康轻食、赛事服务于一体的跑步俱乐部概念店铺。吴建光为这个概念店铺取名为"羚跑"，这个名称源自"羚羊的奔跑"，人类所居住的城市正越来越远离自然、脱离自然，而羚羊的自由奔跑或许可以带来某种启示，引领人们回归自然、找回健康。

"明星店铺"的诞生是锐力体育的一大优势，潮牌效应再加上地理位置的优势，为锐力体育带来了源源不断的收益。截至目前，锐力体育拥有线下门店1 000多家，终端员工达5 000余人。上海外滩中央乔丹（Jordan）店、上海南京东路耐克（Nike）512体验店、杭州西湖in77阿迪达斯（Adidas）旗舰店等更是成了自带流量的城市地标。

锐力体育强势推动消费者活动体验和运动兴趣社群打造，构建了多样而全面的市场营销体系。对企业而言，导购是最有活跃度的生产要素之一，离客户最近，是智慧零售的"超级连接点"，是社群营销的核心。锐力体育在全国有5 000多名导购，如何对导购进行"商品、工具、内容、服务"全方位赋能，帮助他们经营客户，是企业要思考的大命题。2019年，锐力体育启动超级导购项目，构建了具备4个维度的数字化运营体系，实现了总部与终端的动态连接。

依靠广泛的门店覆盖，锐力体育在多个城市的近百家门店进行了丰富的市场体验活动，同时搭建了跑步、篮球、女子健身、飞盘等多样的运动社群俱乐部。无论是DIY爱好者，还是亲子家庭，抑或是各项运动的民间达人，都能够在锐力体育找到自己发挥的空间，遇到志同道合的伙伴。通过理念创新，锐力体育在消费者中收获了良好的口碑反馈，同时积累了数百万忠实会员，为接下来的零售转型打下了坚实基础。

南京羚跑团例跑活动

探索零售数字化新模式

新媒体时代，各行各业由实体经营逐步向电子商务延伸，作为行业领先的头部公司，锐力体育主动求变，并没有选择传统的淘宝店模式，而是开启了小程序商城的线上拓展之路，大板块分为耐克、乔丹、阿迪达斯和On昂跑，小版块包括尖货上新、经典爆款、狠货直降、人气榜单、最新上架。下单商品直接由最近的仓库发出，保证顾客网上购物的轻松体验，享受足不出户的上门服务。锐力体育在微信小程序商场专门设置了realCLUB⁺ LIVE直播间，通过视频构建与客户之间的连接，更加清晰直观地宣传商品。

在锐力体育总部，通过锐眼远程巡店管理平台，管理团队在办公室就可以轻松掌握所有的门店人流情况、销售业绩及库存需求等情况，第一时间掌握消费市场的前沿数据，极大地提高了运营效率。2020年，面对突如其来的疫情，锐力体育不惧困境、迎难而上，迅速搭建集团全渠道销售模式，通过小程序、电商、直播、会员营销等模式精准定位，开启全渠道销售，并通过"人人都是虚拟店长"、社群营销、

锐眼远程巡店管理平台

腾讯直播等赋能工具，在疫情防控期间打了一场漂亮的保卫战。疫情三年来，锐力体育多家门店的小程序商城如雨后春笋茁壮成长，成为旗下不可忽视的新生力量。无论在北京还是上海，无论凌晨还是午后，都可以随时随地在多家门店的小程序轻松下单。同步门店库存的丰富货品，享受云端逛店的优质体验，门店小程序带来的零售模式更新，让锐力体育受益匪浅的同时，亮出了一张新的企业名片。

随着新零售业务全面提速，小程序商城、电商直播全面发力，锐力体育加快了数字化发展进程。2022年，锐力体育在小程序商城运作成熟的基础上再次自我挑战，正式开启抖音电商及直播业务，多家门店抖音粉丝与零售业绩高速增长，通过多样的直播形式为消费者带来文化与销售融合的购物体验。北京东长安乔丹店、上海外滩中央乔丹店、杭州西湖in77阿迪达斯旗舰店、武汉江汉路X118耐克球鞋疯会店……各个城市核心区域的地标门店在抖音平台被放大到全国，全国潮流运动爱好者通过锐力体育的运作，领略了各大旗舰门店的丰富货品和文化直播的独特魅力。篮球、街舞、滑板、飞盘、跑步、橄榄球……紧跟热点的多样运动直播，让锐力体育多个抖音账号快速积累了数以万计的粉丝关注。如今，锐力体育的第二批抖音门店正在逐步建设当中，力争在天津、苏州、南京、宁波等核心城市实现全面覆盖，锐力体育在销售模式的创新上，再次彰显了强大的能力和魄力。

初涉元宇宙消费新体验

数字经济的逐步成熟，催生了品牌运营方式的变革，直接面向消费者营销成为诸多品牌的重心。对于互联网"原住民"和逐步成为消费市场主力军的"Z世代"来说，他们的需求也朝着体验式、创造性、互动性的方向发展，呈现出更加多样化的态势。随着"元宇宙"概念的风行，"年轻数字化新消费模式"正在影响整个消费生态的更新迭代。近年来，锐力体育迅速嗅到数字化消费模式变革的商机，率先倡导创新营销方式，力争深度触达"Z世代"。

太空世界充满了无限遐想，延伸着人类文明的想象与野心，"太空情结"可谓是潮流界的灵感之源。2018年，锐力孚马潮流（Footmark Max）全新旗舰店在南京高端商场德基中心盛大开幕，与当下十分流行的太空漫游的科技未来感相结合，创造出极具幻想色彩的体验。旗舰店面积达560平方米，延续一贯的"太空俱乐部（Space Club）"空间概念，此次更是引入"超银河（Ultra-Galaxy）"概念，由星际穿越来到超银河时空，带来全新的视觉震撼和潮流体验。店内分为"红色星球""银河炫光隧道""蓝色星轨""流星吧"等空间，设有球鞋定制区、DIY印刷区、餐饮区，网罗了近20个"至潮至In"的运动潮流品牌，从鞋履到服装、配件，满足消费者"一站式"购物的需求，打造一体化全方位服务，为爱球鞋、爱潮流的年轻消费者提供更高端、更前卫的限量版尖货。同时，店内提供球鞋定制改造、DIY印刷服务，"流星吧"提供甜品和饮料，让潮流消费者有一个小聚休憩的社交场所，门口的"蓝色星轨"则以举办"快闪（Pop-up）"活动为主，积极与品牌合作，定期举办各类潮流主题活动。

四年一度的世界杯不仅是球迷的盛大节日，更是各项前沿科技的展示舞台，层出不穷的新科技夺人眼球。热度最高的元宇宙成为2022年世界杯的一大看点，不仅体现在观赛方式上的与众不同，在赛场上，各种黑科技应用也让该届世界杯含"元"量大增。2022年世界杯来临前夕，锐力体育紧跟体育领域头号热门IP话题，瞄准新赛道，入驻上海温州商会副会长张迈合伙平台——纷维（Ferlive）旗下纷维星球，打造全新元宇宙互动场景。锐力体育通过旗下品牌realCLUB⁺锐力运动家，联名清华大学出版社出版的《张迈评球》，推出同款足球传奇系列限量数字藏品，这一尝试不仅是锐力体育献给热爱运动和数字科技的年轻潮流人群的礼物，更开创了元宇宙时代IP娱乐和线下场景相结合的新模式和新范本。2022年12月中旬，realCLUB⁺锐力运动家联名《张迈评球》的世界杯传奇系列限量数字藏品结合阿根廷、法国、克罗地亚、巴西4支球队主题，在世界杯决赛举办前火速上线，相关数字藏品在公司旗下的上海、北京、南京、杭州、宁波、苏州、温州等多个城市的数百个企微会员群同步亮相，引发热爱运动的广大锐力会员热烈反响，近千名锐力会员领取了带有专属编号的世界杯传奇系列限量数字藏品，在领略世界杯魅力的同时，得到了锐力体育送出的紧跟流行趋势的专属福利。

初涉元宇宙消费新体验

创立 30 多年以来，锐力体育不断稳步发展，逐步成为以专业运动及休闲类鞋品、服装、配件和运动器材为主营业务的综合性体育用品零售商。凭借零售运营能力与持续的商业创新，多年来，锐力体育在上海、北京、天津、武汉、杭州、南京、苏州、宁波、温州、无锡等地开设分公司，成为国内集运动、潮流品牌于一体的销售渠道航母。

锐力体育通过 30 余年努力，逐步成为特色鲜明、引领综合性体育用品新风尚的零售龙头企业之一，一次次恰到好处的时机为锐力体育铺设了一条条平坦的大路。时代在发展，科技在进步，锐力体育的受众是追赶潮流的年轻人，锐力体育也像他们一样具备创新的意识。从适应变化再到推陈出新，锐力体育正在用自己的经验为众多从业者树立标准，给无数想进军经销、代理、零售行业的人树立模范。

【专家点评】

锐力体育用品零售的成功可以总结、发现和探讨的东西很多，作为体育用品行业新零售的典型代表，其传奇发展给我们很多启发。

从企业发展来说，我用"适配—挖掘—赋能"三个词来概括。锐力体育从传统模式下的门店销售起步，抓住当代科技带来的新零售革命，通过对零售中"人—货—场"关系的重构和再发现，挖掘零售中的"痒点"，在产品功能基础上，放大服务效用，创造出令顾客兴奋的"爽点"，与顾客共创价值。这本身也是一个"单纯商品消费—离散型场景—场景链体验"的升级过程，可以说，很好地适应了新时代条件下消费从传统的标准化、同质化、规模化向个性化、定制化、智慧化转型的要求，依凭互相嵌套环环相扣的场景链，创造了单纯物质化消费所不具有的新价值。

从社会层面来说，消费"长尾化"和技术赋能，正在形成"全渠道＋新技术＋场景＋社交"的开放式消费社区或生态群落，商家与顾客的"触点"不受时空限制、无间隙化，形成了对消费者期望的快速感知和反应，基于此通过快速迭代不断催生出新业态、新模式。体育消费不仅与生活场景相关，更与生活方式相关，锐力体育的发展也是体育消费从实物型消费向参与型消费拓展的生动例子。今天智能化社会到来，时空压缩给人们带来的生活焦虑感不断增强，而像锐力体育一样发展，会逐步形成更多基于"趣缘"的群体，这些群体会越来越多地浸入人们的生活中去，其中的情感要素介入使健康需求更深度地参与人们生活方式的构建，这对于缓解现代社会节奏给人们带来的压力，创造更适意、更自在、更有品质的生活有积极意义。

从国家层面来说，推进消费、拉动内需特别重要。2020年9月，国务院办公厅印发了《关于以新业态新模式引领新型消费加快发展的意见》，提出新型消费不仅要提质扩容，而且要把扩大消费、培育新型消费同改善人民生活结合起来。锐力体育通过现代技术手段，把体育用品供给端和需求端创意结合起来，找到了体育用品"供给创造需求、需求牵引供给"的微观机理，可以说找到了企业自身的"财富密码"。（徐占忱，中国国际经济交流中心世界经济研究部部长、研究员）

中国小食界的超级航母

——上海正新食品集团有限公司

随着市场经济的高速发展和消费者生活水平的不断提升，我国小吃产业发展迅速。鸡排是炸鸡店里非常流行的一种小吃，外焦里嫩、香酥可口，深受消费者的青睐。大街小巷几乎随处可见鸡排店，品牌布局十分广泛。近年来，国内餐饮行业正在步入连锁化、规模化、品牌化的加速阶段。正新鸡排是国内餐饮行业万店规模成就的首个达成者。上海正新食品集团有限公司董事长陈传武靠着卖单价12元的鸡排，年营收超百亿元，只用一招签下两万多个加盟商，所开门店数量远超肯德基、麦当劳，堪称中国小食界的超级航母。

一块鸡排撬动数十亿元大商机

1995年，正新集团董事长陈传武瞄准速冻食品行业，创立了

董事长陈传武与代言人黄渤合影

温州市白云食品有限公司，专业生产及代理销售速冻食品。两年后，他的速冻产品销售渠道遍及整个温州地区，并成功谈下了和路雪冰激凌代理权。随着国内其他冷饮品牌的兴起，行业竞争日益激烈。意识到冷冻食品行业生意越来越难做后，陈传武开始思考公司的转型。

2000 年，陈传武以台湾街头小吃的模式，在温州市瑞安大街上开出第一家"正新小吃店"，销售关东煮、烤串、奶茶等常见的街边小吃，基本"什么火就卖什么"。经过 10 多年的发展，正新小吃店拥有炸鸡、汉堡、肉串、饮品等 10 多个种类、几百个单品，但一直缺乏特色主打的产品，不仅使消费者难以选择，还增加了采购、物流、加工等环节的负担，一度陷入发展瓶颈。

2012 年，休闲食品市场蓬勃发展，各种鸡排店遍布大街小巷。看到鸡排市场庞大的商机，陈传武决定对正新小吃店进行"瘦身"，砍掉了店内 90% 的产品，改名为"正新鸡排"，将店面开在其他鸡排店聚集的商业街上。由于注重口味和品牌，以及"鸡排 + 烧烤"的爆品组合，规模化复制简单，不到两年，正新鸡排总店数就翻了一番。

2013 年，H7N9 禽流感暴发，势头正好的正新鸡排遭遇前所未有的危机，公司业绩下滑到历史最低水平。思危应变，陈传武当机立断改变商业模式，决定重点开放下沉市场加盟，同时以上海为跳板进军全国市场。这一决定可谓峰回路转，正新鸡排的门店数量开始猛增。2014 年，正新投产了首个自有加工基地诸城正新，开始向加盟商和门店提供自己加工的原材料。2015 年，正新拆分自身物流部为圆规物流公司，前前后后建立 50 多个仓储中心，形成配送网络足以覆盖全国所有乡镇的冷链。完善的食品加工和物流供应体系，极大地缩减了正新的供应成本，取得了加盟商和品牌方的双赢。自此，正新从瑞安的街边小吃店变身为全国

集团总部

中国小食界的超级航母 | 127

连锁的餐饮店,坐上国内炸鸡行业的头把交椅。

历经20多年的发展,正新集团现拥有"正新鸡排""大鼓米线""正烧记现捞卤味""茂掌柜螺蛳粉"等诸多自创美食品牌。门店产品涵盖中西快餐、烧烤煎炸、冷热饮品、风味小吃等上百个品种。如今,上海正新食品集团有限公司已成为以食品为主导,集生产研发、供应链、信息科技、商业地产与投资等板块于一体的大型多元化产业集团。

"三板斧"变革迎来新转机

正新鸡排的发展路离不开决策者在关键时刻的大胆变革。通过销售模式、连锁模式和组织模式的"三板斧"变革,正新疏通经络,逐渐突破了经济收益放量增长的瓶颈。

第一,产品模式变革——砍90%产品,专做"鸡排+烤串"。正新小吃店原本以产品类型丰富被消费者喜爱,但市场风向慢慢改变,当休闲小吃不再稀缺,需要的就是富有特色的产品来突破市场。从2008年起,正新小吃店已经开始适应市场,在部分门店陆陆续续做产品缩减,但还没有在全国门店大面积推进,2013年禽流感的出现被视为一个转折点。这一年陈传武带领团队到香港、广州、河南、河北等地调研,随后便决定要将正新小吃店转变为"鸡排+烤串"专营店,直接砍掉了90%的产品。产品从当初的上百个品种压缩到了10个以内,主打鸡排,辅以鱿鱼、肉串、烤肠等其他烧烤单品,不断压低产品定价。那么,如何选择保留的主打产品?正新遵循两个标准:首先,鸡排是正新当时卖得最好的一款产品;其次,鸡肉是中国第二大肉类消费品,相比中国肉类消费排名第一的猪肉，鸡肉的"广谱性"更高，连锁品牌的发展也更有优势。总而言之，正新立足品牌自身优势，拓展品类发展空间。

第二，连锁模式变革——大力切入县域经济，试点下沉市场。重新确定产品线的同时，正新使出了另外一个撒手锏——开放县城村镇加盟。2013年，正值互联网电商平台兴起之时，传统销售方式受到冲击，陈传武认为这将使品牌加盟的发展趋势更加显著，因此就下定决心重点开放品牌在县城和村镇这些下沉市场的加盟。3万元加盟费一次付清，1万元保证金在合作3年后且不违约情况下会全数返还，设计装修等费用在3万元左右，再加上首次进货的材料费2万元、设备款2万元，总计花费10万元出头就能开一家正新鸡排店。正新鸡排产品上手快，以爆款产品吸引年轻群体；门店面积很小，主要设于人流量大的街边，是真正意义上的快消品。另外，正新进一步压缩成本，布局上游环节，夯实了供应链基础。2013年，正新开始全面战略转型，头两年只新增

正新鸡排线下门店

了300多家县城店。起初正新并未大张旗鼓进行宣传，只是不断摸索。2016年，待其县域加盟渠道走上正轨之后，正新才在全国各地全面加推，到第四个年头后，每年新签4 000多个加盟店。

第三，组织模式变革——股份制，调动公司和门店积极性。经过13年的模式探索，正新建立了一支经验丰富的运营团队，但当新的战略调整后，又如何调动新老员工的积极性？于是，2014年正新在长沙试水股份改革创新：门店入股和分公司股权改革。一方面，在门店端，开展员工持股计划，激发店长和员工的主动性和能动性；另一方面，在分公司，扩大员工持股范围，从原来的只有分公司老板等高管可以持股，拓宽到业务经理、运营专员、后勤管理技术骨干等人员均有持股资格，让更多人从公司的营收中获利。股权改革在长沙分公司试验后，效果明显，很快便被推向全国各分公司，员工们的工作热情高涨，企业的经济效益也得到了快速提升。

数字化促传统餐饮业转型

如今，中国餐饮连锁化进程不断加速，投资门槛低的"小店"是最受创业者欢迎的开店模式。对于连锁餐饮企业而言，随着门店及业务增加，管理半径扩大，复杂度提高，更需要数字化线上工具助力，提升信息的即时化、可视化、规范化和智能化。

陈传武很早就认识到了数字时代传统餐饮业面临的瓶颈。餐饮业是一个经营者分散、利润薄、抗风险能力弱的传统行业，面临很大的转型压力。数字化的应用正在从前端的订单点餐、会员营销深入企业运营管理，成为餐饮业降本增效、快速发展的基础设施。数字化转型已经成为餐饮行业的"必答题"。

在线下市场萎靡的大环境下，压力与机遇并存，作为拥有超两万家连锁门店的品牌，正新集团开放了品牌统一的线上营销运营平台，建立私域流量，深挖门店周边潜在客户。线上小程序商城成为正新集团转型的第一步。正新顺利搭载小程序＋企业微信流量风口，构建了数字化线下门店，开启了线上电商业务。正新小程序商城品类颇多，用户可通过小程序进入商城，商城平台就如同淘宝、京东一样，可给全国各地发货。

2020年初，正新集团旗下火码科技开发了自家品牌点餐小程序，利用"互联网＋"的营销渠道，构建营销—到店—消费—会员—外卖的完整闭环。首先，正新微信公众号菜单中设置了附近门店入口小程序，小程序可根据用户定位推荐附近的线下门店，按照门店设置配送范围，分门店管理商品订单、库存等。其次，搭建门店自有外卖平台，不仅让用户足不出户就可以享受到美食，商家还摆脱了平台抽成，实现利润增长。再次，小程序商城还开通了"到店自提"功能，将线上下单的消费者引流至门店提货，增加门店销售机会。正新门店消费者在支付、点单等环节扫码即进入正新私域小程序营销系统，添加正新企业微信，实现扫码即会员，通过线下服务环节将门店客户线上化，实现私域客户快速沉淀。最后，正新鸡排还运用各种网络营销工具，通过线上多种营销活动，抢夺消费群体，先把消费者引进来，再配合定期活动和会员体系，来培养用户消费习惯和对品牌的黏性，让消费者留下来。

2022年9月9日，正新集团与腾讯金融科技签署合作协议，行业头部品牌与互联网巨头加持，助推产业互联网发展，加速传统企业互联网转型升级。正因为灵活、智能的线上系统深受门店欢迎，正新集团才下决心与腾讯金融科技一起，实现门店的数字化全覆盖。互联网的下半场属于产业互联网，产业与消费者将形

2022 年正新集团与腾讯金融科技达成战略合作

成更具开放性的新型连接生态。面向 AI 以及 5G 时代，正新集团与腾讯金融科技以技术为驱动引擎，探索社交和内容融合的下一代形态。同时，双方围绕正新集团供应链上下游开展全链路数字化合作，推动正新集团旗下两万多家遍布城市街头巷尾的门店实现交易自动化、管理智能化和营销数字化。腾讯金融科技的技术及生态优势，给正新集团带来了更多数字化工具及解决方案，让小微门店也能拥有最先进的数字技术助力。

"亿元扶持"打响抗疫保卫战

2022 年对餐饮行业来说是极不寻常的一年。新冠肺炎疫情多点频发，全球政治、经济动荡，消费领域承受多重压力，餐饮品牌的发展受到了严重冲击。正新集团两万多家加盟店的背后，大多是一个个渴望重归生活正轨而奋力支撑的家庭。正新集团意识到，这个时候单靠门店自救要实现复苏，无疑是困难重重。作为生长于上海的本土餐饮品牌，正新集团决定必须搭一把手，释放大爱，共克时艰，为门店背后无数个家庭保驾护航，这一行动彰显了正新集团对于行业命运共同体的深刻认识和责任担当。

2022年4月，在上海疫情最吃紧的时候，正新集团宣布对旗下所有门店实行为期半年的"亿元扶持"计划，集团总部调拨价值1亿元的物资免费配送到加盟商手中，帮助加盟店降低门店的经营成本，保证门店正常开展经营业务。"亿元扶持"计划实施不久，全国各地正新鸡排加盟店陆陆续续收到正新集团圆规物流送来的帮扶物资。亿元物资中，除了门店日常经营所需的原材料外，还有正新集团全新研发的产品，帮扶活动大大降低了门店的经营成本。收到货的店长纷纷表示，集团的及时支援很有人情味，与门店共度时艰的做法让他们感受到了正新集团的温暖。一位上海的消费者表示，疫情防控期间，他参与了正新团购，价格稳定品质高，使他对正新品牌有了更好的认识。

除了对自己旗下的加盟店开展扶持，正新集团还利用自身物资供应及物流方面的优势，承担了"保供上海"的社会责任，尽显中国民族企业的担当。一方面，正新集团积极发挥其供应链上的优势，疫情防控期间为上海全域的社区提供团购服务，每天配送1 000个团的货物，团队50人左右有序进行接单分拣，10台车进行接力配送，时效可做到当日达、次日达，每日最低将5万份物资交到社区居民手中。另一方面，正新集团充分发挥旗下圆规物流的冷链优势，积极申请为上海保供餐企，将不加价物资包配送给千家万户。正新集团位于山东省日照市五莲县的重点供应链企业，在严格做好各项防疫工作的同时，加班加点生产相关物资。

正新集团旗下的圆规物流在上海、温州、武汉、郑州、诸城等地拥有七大中央库，连接50多个遍布全国的前置仓配中心，疫情防控期间充分发挥了冷链配送的领先优势，在物流上克服重重困难，将保供产品发往南通、镇江物流仓，再由集团通过冷链物流分装到上海，为上海抗疫保卫战做出了难得的贡献。

正新集团立足食品，历经20多年的发展，从只有一家小小的门店，发展成为业务涵盖食品研发、生产加工、包装印刷、物流供应链和连锁经营等行业的全产业链平台，旗下两万多家门店遍布大江南北。这样的成绩，不仅取决于集团拥有一大批精兵强将，也得益于正新集团富有竞争力的产品、独特的商业模式和加盟渠道的变革。经历了疫情防控期间的特殊挑战，董事长陈传武对于正新集团的未来有了更明确的规划：正新集团的下一个目标是"十万门店、千亿产值"。坚定扩张的背后，是陈传武对发展趋势的判断及源于边界的突破，正新集团于2019年推出了"森林计划"："如果正新鸡排能在螺蛳粉、烘焙或者是其他品类领域再开

2019年"森林计划"启动仪式

出一两万家店，我们的故事就成功了。"

【专家点评】

正新集团快速成长的成功案例，让读者强烈地感受到企业家精神作为一种"特殊的生产力"而存在；用心经营、尊重市场规律是取得成功的"秘籍"和底蕴。我们可以从以下三个方面来加以评议：

首先，用心经营，敬畏市场，才能驾驭市场演进的规律。有志于下海经商意味着一种生活方式的选择。正新集团的创始人陈传武初次创业从事速冻食品和冷饮食品经营，在碰到发展的瓶颈后，不是退却"上岸"，而是思考选择新的经营活动内容。面对转型的痛点，他用心去审视手中握有的经营资源，获取市场信息，在对第一阶段经营内容的盘点中发现新的商机，而不是简单地选择另外的出路去投资陌生的领域。加工消化库存的冷冻食品启发了他转型的灵感，他开始专注于以鸡排为特色的小吃，找准新的"赛道"，打开了新的发展天地。

其次，用情经营，顺应"天时、地利、人和"大环境，在市场竞争环境中学习成长，在成就自己的同时成就他人。以品牌经营开路，吸引小本经营商加盟开店，使正新特色经营迅速覆盖市场；顺应消费者行为，使"小店"具有"大规模"；在疫情冲击下呵护小店业主，对接团购方式，满足居民食品需求；在让利终端经营小店和提升消费者满意度的同时，培育了小店的生存能力；在扩大品牌覆盖范围的基础上走向供应链经营，建立完整的 To B（面向企业）供应链和物流配送体系，获取终端销售规模支撑的供应链经营利润；重视人力资本的特殊作用，用"员工持股"的制度安排激励经营团队的工作热情；及时拥抱数字技术，用网络工具手段联通触及终端的两万多家网点小店和数量庞大的消费者群体，使数字工具和数据资源成为企业经营的核心竞争力。

最后，相信市场的力量，"小"的产品可以成就"大"的事业，关注"初始的"经营和"后来的"经营内容的"先"和"后"，以及从 To C（面向消费者）到 To B 之间的关系，中间变化的辩证法，需要企业家精神，也给有志于创业的普通人以启迪。正新集团走向成功的案例告诉我们：做企业没有固定的模式，也没有先验的文本安排，要的是用心投入、善于学习，与相伴者诚意合作；扎实努力、执着追求，在困难面前不气馁、不轻言放弃，善于发现和利用天时、地利、人和的诸多因素，用心用情去投入，就能够克服所面对的困难，突破可能存在的瓶颈，迈过企业和事业成长的一个个台阶，实现企业和事业成长的愿景。（张晖明，上海市政府发展战略咨询委员，复旦大学企业研究所所长、教授）

泵产业的"大国工匠"

——上海凯泉泵业（集团）有限公司

上海凯泉泵业（集团）有限公司是集设计、生产、销售和安装泵、给水设备及泵用控制设备于一体的中国泵行业龙头企业。"凯泉"品牌是中国驰名商标，凯泉泵业也是泵行业中产品线和规格型号最全、市场应用最广的领军企业。凯泉产品被广泛应用于建筑、市政、电力、石油、化工、矿山、核电等数十个领域，近30个系列。凯泉泵业总资产达46亿元，在上海、合肥、温州等地拥有7家企业、5个工业园区，占地近1 000亩*，建筑面积30万平方米。公司拥有中国泵行业最健全的销售和服务网络，包括五大事业部、23个销售分公司、500多个办事处。2022年，凯泉泵业实现销售额58亿元，连续20年名列全国泵行业销售额第一。

---

* 1亩约合666.7平方米。

董事长兼总裁　林凯文

跟上泵产业的发展浪潮

20世纪80年代，改革开放的春风吹遍了大江南北。20世纪八九十年代，国家经济呈现蓬勃发展之势，中国泵产业也进入了快速成长期。1985年后，国有和"二轻大集体"的209家水泵厂兴起，到1990年，中国泵产业厂家数迅速增加到949家。90年代初，尤其是1992年邓小平南方谈话后，私营泵企业大量涌现，其中，浙江温州永嘉县瓯北镇被中国通用机械工业协会命名为"中国泵阀之乡"。

凯泉泵业董事长兼总裁林凯文正是在这样的大环境下，不甘平凡，怀揣"万元户"的梦想，抓住机遇，开始了创业人生。因市场环境好，客户需求旺，1989年，林凯文在"中国泵阀之乡"永嘉与科研单位联合开发的省级新产品——立式管道泵，凭着比传统水泵占地小的优势，迅速占领了北方建筑市场，获得了不小的成功，赚得了第一桶金。1990年，林凯文创办了永嘉瓯北水泵厂，同年更名为"浙江凯泉泵业制造有限公司"，实现了事业的第一次大的跨越。

1996年至2005年，国家的经济发展、城镇化建设、基础建设投资极大推动了市场需求，这是中国泵业发展史上发展最快的10年。泵企发展势头良好，公司数目呈几何级数增长。2001年"入世"后，中国经济进入高速增长期，而上海恰逢"三年大变样"，在政策、人才、技术及创业氛围等方面都非常具有吸引力。为此，林凯文顺势而为，立志打造中国领先的泵产业工厂，并将发展重心迁移到上海。1994年10月，初到上海的林凯文，在当时偏僻的汶水路860号租了一间700平方米的仓库，以此作为自己在上海腾飞的立足点。1995年，他正式成立了凯泉泵业给水工程有限公司，招聘了具有大学学历并有工作经验的上海人当销售，并先后从全国有关科研院所和企业引入150多位高级研发人才。

面对竞争日趋激烈的泵行业市场，凯泉泵业通过三方面来加强竞争力。第一，在中国泵行业率先采用直销模式，开始在全国设立办事处进行直销。第二，针对房地产市场和城市市政建设需要，主推立式管道型的单级离心泵，这种泵型占地小、结构紧凑、噪声低，适合楼宇使用。第三，提升客户服务质量。销售人员热情周到的售前、售中和售后服务，深受用户欢迎、称赞，特别是公司依靠建筑市场把产品做精做强，为客户提供了最优的性价比产品和服务，小企业闯出了大市场。1996年，凯泉泵业年产值竟然翻了两三番，跃升到6 000万元。2000年，凯泉泵业拿下3亿

企业总部

元，跃居全国第一，实现了从名不见经传的小企业到行业龙头的跨越。"凯泉"品牌成为中国驰名商标。

"价格战"逼出的创新之路

2008年的金融风暴让国内泵类行业陷入经营困境，举步维艰。国内泵企通用产品"价格战"越打越激烈，凯泉泵业的订单下降，利润也急剧下滑。林凯文通过反思"价格战"认识到，国内产品低端和同质化竞争是国内泵企两败俱伤的主要原因。当时我国泵类产品主要集中在清水和污水泵、低端工业用泵，而高附加值的大型、高端工业能源类用泵，如火电、核电、石化用泵等几乎是空白，长期被国外企业垄断。他意识到只有通过科技创新，不断提升产品附加值，才能增强企业核心力，实现战略突围。

在此期间，上海市、嘉定区政府也鼓励企业挺过"寒冬"，从税收、资金等方面支持企业走科技创新、可持续发展的道路，引导企业跳出低价竞争怪圈，向科技创新要效益。这大大增强了凯泉泵业自主创新、升级发展的信心。2009年，凯泉泵业制定了3年投入科研经费7亿元的规划。凭借凯泉泵业在行业内的声誉，以及市经信委、市科委等部门推荐，公司在一年内迅速集聚了一批泵业领域的顶尖专家，逐步建立起国内一流的力学、水力、材料应用等3个先进基础实验研究室，以及热冲击、高精度闭式、超大型水泵测试等3个国际领先的测试台。如此大规模的科研设备和投入，这在国内泵行业绝无仅有！

此外，市经信委、市科委积极引导企业参与国家和市级专项课题，凯泉泵业完成市级重大技术装备研制4个项目，批准立项

"上海电站泵工程技术研究中心"。政府部门对企业的重视，让凯泉泵业切实尝到了脚踏实地做实业的甜头，使其更专注于泵业，专注于技术创新，专注于提升产品竞争力。

  凯泉泵业以每年销售总额的 5% 用于技术创新和新产品研发。目前，公司工程技术人员达 1 000 多名，研发人员 300 名，拥有泵行业及各产品线领域技术领军人才和中高级技术人才，并不断引进与培养技术人才、本科生、硕士生及博士生，打造了一支高素质的技术队伍。同时，凯泉泵业引进了世界先进的 CFD 流体力学专业内流场分析、CAE 有限元理论计算及 CIMATRON 三维

工厂所在地

CAD、CAM、CAE、FMS等研究设计软件系统，并与上海交通大学、江苏大学等近10所高等院校和研究所建立了长期的战略合作关系，形成了以自主知识产权为核心的技术，拥有专利450多项，其中全国发明专利40项，荣获国家科学技术进步奖。凯泉泵业已经有7个产品首台套、20多项重大产品获得国家级认定，并已全部应用于工程。

特别需要指出的是，公司自主研发的AP1000第三代核电用余热排出泵等20多项重大产品，率先通过了国家能源局的鉴定，填补了我国在核电领域的技术空白。同时，凯泉泵业成为全国获得

核Ⅱ、Ⅲ级泵设计/制造许可证的 5 家企业中唯一的民营企业。"高精度多功能水泵水力模型试验台"顺利通过了由水利部中国水利学会组织的科技成果评测，会议形成评价结论："试验台效率测试的总不确定度优于 0.25%，对促进泵行业的技术创新、提高我国泵行业的整体技术水平和国际竞争力具有重要的意义。"

近 20 年来，凯泉泵业获得了全国科技创新企业、中国机械工业百强企业、上海市高新技术企业、上海市首批"上海制造"品牌等荣誉。

围绕国家战略不断转型升级

林凯文董事长对凯泉泵业通过技术创新不断提升行业核心竞争力深有感触，他指出，我国的制造业产品在全球的占比，已经从改革开放之初的 5% 上升到 2020 年的 1/3，但还没有一家泵企业进入世界排名前十。在"创新驱动、转型发展""一带一路"等大背景下，凯泉泵业作为中国泵行业领军企业，以高端化引领、智能化赋能、绿色化转型为主攻方向，勇于承担"引领中国泵产业的崛起"的重大责任。

从 2010 年开始，凯泉泵业持续投入研发费用超 13 亿元，紧紧围绕国家战略，提升自主创新能力，攻高端、调结构，进军核电、火电等重点高端泵领域，相继研发 20 个核电产品并得到国家级产品鉴定，国核、广核、中核、台山、防城港、巴基斯坦恰希玛等十几家国内外核电站的核级泵都采用凯泉泵业产品，填补了国内产品空白，打破了国外垄断。2017 年 11 月 21 日，凯泉泵业与英国业主方和法国电力公司签署了英国欣克利角三代核电站设备包项目，包括核电站核岛内 145 台核三级排水泵，合同额 400 万英镑，标志着中国第一家民营企业成功进入欧洲核电市场。目前，围绕"一带一路"倡议，凯泉泵业与工程公司配合进入国际市场，并计划布局全球 8 个大区域市场，在全球 30 多个国家设立办事处和业务人员。凯泉泵业正计划在东南亚地区筹建海外工厂，进行海外制造基地布局，直接和国际品牌竞争。在科技研发方面，凯泉泵业也不断提升国际化水平，协助技术中心筹建海外水力研究院，布局高端技术人才和高端产品开发，同时建立符合国际标准的海外产品生产、质量、服务体系。

凯泉泵业还紧紧抓住数字技术革命和国家绿色低碳战略，不断通过智能赋能、绿色赋能提高泵产品的效能，打造"智慧凯泉"和"绿色凯泉"。在智能化制造方面，公司通过凯泉智慧云平台，借助智慧泵和智慧供水设备，建立凯泉产品的智慧监控体系，实现泵站自动化管理。除视频监控、运行数据管理功能，还增加了系统的高效区匹配、故障预警、设备全生命周期管理功能。同时，以智慧工厂为中心，通过 MES（Manufacturing Execution System，生产执行系统）、ERP（Enterprise Resource Planning，企业资源计划），打造信息物理生产系统，实现智能制造。

在绿色化转型方面，凯泉泵业围绕国家绿色低碳战略，积极开展节能减排的技术创新。2017 年我国用电总量为 63 077 亿千瓦时，而泵及相关泵用电机系统年耗电占全国耗电总量近 1/5。2018 年，凯泉泵业通过对 400 多种规格产品的升级，将产品性能提升了 6% 以上，70% 的产品性能超过国家节能标准。同时，通过节能技术与节能产品，为供热、钢铁冶金、化工、自来水厂、电力、空调系统等领域提供了节能技术整体改造方案，为全社会每年累计节电 11.15 亿度。

"十四五"期间，凯泉泵业将继续围绕"碳中和""碳达峰"以及智能制造的国家战略进行发展，3年研发费用将达10亿元，并将建筑市场作为未来5—10年的业绩增长点，充分发挥公司综合技术实力强的优势、建筑产品性价比高的优势以及销售竞争力强的优势，通过技术营销、价值营销以及提升产品性能和效率，提高建筑产品市场占有率。经过多年的工业发展，国内目前在污水、防控排涝、建筑排水、城市排水、河道等方面，还存在很多可提升的空间。凯泉泵业的新业务符合高质量发展和城市精细化管理的要求。从产品角度来说，凯泉泵业在建筑板块的产品很全面，且有多年经验；在市政板块，也在陆续推出黑臭河治理、海绵城

工厂内景之一

市、农村污水治理、雨污分流等方面的新产品。除了建筑应用和市政水务，凯泉泵业另一大布局主要是实施节能改造方案，以新泵换旧泵，通过节能改造提升能源的利用率。

以仁为本彰显企业责任

凯泉泵业围绕"以仁为本"的文化战略，以"策划开展特色活动、加强内外主题宣传、切实关爱员工、打造特色品牌"为载体，结合企业文化建设，使企业文化建设与企业生产经营管理、产品技术创新、员工关爱培养更加紧密结合，提升品牌形象。企业每年都会开展形式多样的文化体育活动，员工参与率高达95%，不仅丰富了员工的工作生活，更有利于营造"团结、协作、敬业、创新"的氛围，建立一支素质高、战斗力强的团队，推动业绩提升，进而全面提升企业文化软实力和核心竞争力。

林凯文在企业战略中表示：我们要坚持持续地为股东、为客户、为员工、为合作伙伴、为社会、为国家创造价值，我们不能伤害到任何一方的利益，哪怕只是一点点。我们坚持为社会创造价值，做有家国情怀、承担社会责任的典范企业。

凯泉泵业是全国"守合同重信用"企业，每年获得上海市"守合同重信用"企业称号，信用等级AAA级。林凯文董事长率先垂范，带头遵守法律法规，并倡导员工讲文明、懂礼貌。凯泉泵业遵守法律法规和社会公德、商业道德以及行业规则，反对不正当竞争，树立合法经营形象，企业始终坚持诚信经营的理念，坚持精心制造、尽心服务，追求一流品质，坚持客户满意的价值观，为顾客着想，让顾客满意。

工厂内景之二

    凯泉泵业在打造品牌、做强企业的同时，饮水思源、回馈社会，已累计捐赠超 1 亿元。林凯文践行"泵业报国"的宗旨，在疫情防控期间，积极响应党中央、政府的号召，严格落实各项防控措施，做好复工复产，使企业业绩实现逆势增长，同比增长 20% 以上。2020 年疫情防控期间，林凯文全力以赴驰援疫区，向武汉市慈善总会捐赠 200 万元，免费为新建抗疫一线医院提供一体化泵站设备，价值 1 000 万元，并获得"全国抗击新冠肺炎疫情民营经济先进个人"称号。林凯文还建立了林凯文教育基金会，自 2003 年以来已累计出资超千万元，帮助千余名学生完成了学业、实现了梦想。

    凯泉泵业将坚持质量为本、技术领先、创新驱动、稳健经营，以节能减排、安全民生、"一带一路"为主导方向，围绕"互联网+"

技术营销战略、技术领先战略、质量为本战略、客户至上战略、智能制造战略、"一带一路"等"六大举措",将以工程技术人才为核心的人力资源建设战略、以智能制造为核心的信息化建设战略、以以仁为本为核心的企业文化建设战略、以资本市场化为核心的稳健财务政策建设战略作为"四大战略支撑",不断创新发展,力争于2025年进入世界泵业前十强。

【专家点评】

在起家于永嘉瓯北的凯泉泵业创始人林凯文身上,我们可以看到20世纪80年代创业经商的民营企业家的共性及闪光点,并且通过其发展历程洞见企业的创新升级力。

首先,要顺应时代特别是行业发展大势。在改革开放之初,百废待兴,商品严重短缺,客户需求旺盛,林凯文凭借自身产品创新特长,与科研单位联合开发省级新产品,抓住机遇,迅速占领市场,因此抢得先机,在随后1996年至2005年泵业发展最快的10年,顺势而为将发展重心迁移到上海,以打造中国领先的泵工业工厂。2008年后,国内行业经营举步维艰,林凯文顺应"创新驱动"国家战略,定下通过创新提升产品附加值以增强企业核心竞争力的战略目标,不断转型升级,最终实现了对价格战的突围。

其次,要居安思危,永存危机意识。2002年,此时已实现从名不见经传的小企业到行业龙头跨越的林凯文深知"老大"不好当,虽然凯泉泵业是行业内率先采用直销模式来加强竞争力的企业,但在危机感中他仍然发现了营销网络的空白,力排众议开始了凯泉泵业销售网络和服务网络的扩张,最终形成了凯泉泵业营销竞争力，这不仅实现了林凯文事业第三次大的跨越，更奠定了凯泉泵业向更高目标进军的基础。

最后，要立足于行业，专注于行业，以"引领国家行业的崛起"为使命，实现政企和谐共生。在凯泉泵业崛起的过程中，政府支持技术创新起到了至关重要的作用，不仅从税收、资金等方面支持凯泉泵业走科技创新、可持续发展的道路，更引导凯泉泵业参与国家和市级专项课题，完成重大技术装备研制，让其脚踏实地做实业，专注于泵业，专注于技术创新，专注于提升产品竞争力。凯泉泵业也因此以每年销售总额的 5% 为科研经费，保证技术创新和新产品研发，围绕国家"创新驱动、转型发展""一带一路"等，成为中国第一家成功进入欧洲核电市场的民营企业。

凯泉泵业的案例也印证了笔者一直以来的观点："最终使得经济能够长期持续健康增长的根本是产品创新。"当下，世界经济和美国面临的问题都是产能过剩，面对产能过剩，各国采取的办法都是通过财政政策和货币政策来扩大投资需求，但这是不可持续的；产能过剩的经济长期要实现持续增长，需要产品创新，也就是通过科技创新来为消费者提供更多更好的新产品，通过新产品来扩大消费者的优质消费需求，从而使得总需求能够得到持续健康的扩大。（苏剑，北京大学国民经济研究中心主任、教授）

引领智慧水务，打造百年熊猫

——上海熊猫机械（集团）有限公司

当我们每天打开水龙头就能使用上清澈的水时，可能不会想到，在上海这样一座高楼林立、人口众多的特大型城市，要确保每一栋楼、每一位居民能够高效、安全地用水和排水，实际上并不容易，背后需要一套复杂的供排水系统。同时，要确保城市供水从源头到龙头的全过程安全，还需要利用人工智能、物联网、大数据、云计算等新兴技术。水务行业在大多数人眼里是个非常普通而传统的行业，但其实不然，在新兴技术的带动下，该行业已经发展成为高新技术行业。上海熊猫机械（集团）有限公司就是这样一家专注于智慧水务建设的高新技术企业，自2000年创立至今，已发展成为一家集智能水泵、智慧生活、智慧集成、智能表计、智能控制系统、智慧水务等系列产品的研发、生产、销售于一体的现代化大型企业集团，树立了行业标杆，引领了中国的智慧水务建设。

董事长　池学聪

在"找死"中不断闯出新天地

1965年出生于浙江永嘉的池学聪，25岁前就做过不少工作，在皮鞋厂打过工，在乡下学过木匠，也在乡镇企业做过推销员。这些早年的经历不仅使他获得了不少人生体验和工作经验，也让他对商业规律有了一点认识和把握。不过，推销毕竟是卖别人的产品，吆喝别人的品牌，为别人打工，即便销售业绩斐然，池学聪内心依然不甘长期如此下去，创业的念头一直在心中萌发、涌动。

做推销员时，池学聪卖过一款电热淋浴器产品。基于对淋浴器的了解，再加上自学的虹吸原理，木工出身的池学聪自行设计并制作了一款虹吸式淋浴喷头。他以这一产品为基础，在1990年毅然用自己的全部积蓄创办了浙江永嘉淋浴器厂，专门生产虹吸式淋浴喷头，开启了艰辛的创业之路。此后，池学聪深入市场，调查摸清了行情需求，并对产品做了进一步设计，开始自行生产和销售。凭着可靠的产品质量、良好的售后服务和商业信誉，加上前几年开拓的销售渠道，工厂生产的淋浴器迅速进入了全国各大城市的大商场，并成了畅销产品。那时，这家淋浴器厂一年能生产约15万个淋浴器喷头，年产值达100万元，池学聪很快获得了进入商海后的第一桶金。不过，他也感到淋浴器的市场容量是有限的，一个更大的志向在他的脑海中逐渐生成。

20世纪90年代初，中国汽车工业兴起，并被确立为国民经济的支柱产业之一，上海大众等中外合资企业纷纷投产。池学聪再次看到了商机，于1994年投资成立浙江永嘉熊猫清洗机厂，开始转型生产专门洗车用的高压水枪。但是，开办工厂容易，生产产品难，特别是生产高质量的产品更难。池学聪没有被困难吓倒，他买来一台样机进行研究、改进，与原来是车工的妻子彼此协助，对产品进行了一次又一次改进、试生产、再改进、再试生产，在不断的摸索中，产品的性能终于得到提升，质量也更加可靠。产品最终成型的那天，夫妻俩特别高兴和激动。仅两年后的1996年，"永嘉熊猫"牌汽车清洗机的全国市场份额已位列第一，成为市场上的抢手货，池学聪的事业再度获得了成功。

"永嘉熊猫"在市场上风光无限，发展越来越好，但此时的池学聪看得更远，希望企业能够有更广阔的发展空间，于是，1998年，他满怀热情地把工厂从浙江搬到上海青浦。池学聪说："'永嘉熊猫'不是简单地迁移到上海，而是在新的平台上加强技术创新，重视产品质量，不断开发出质量稳定、可靠、符合客户需求的特色产品。"青浦也确实成了公司的风水宝地，公司产品获得了越来越多客户的认可，国内市场份额曾一度达到70%，成为闻名全国的品牌产品。

世纪之交的上海正经历新一轮的高速发展期，城市化步伐不断加快，高层建筑如雨后春笋般生长。高层建筑的出现，必然需要供水、排水、供电设备相配套，嗅觉敏锐的池学聪立马注意到了这一新的市场需求，和他的团队再次做出战略选择，不再把目光只瞄准汽车清洗机这单一产品，而是要开发新的项目，把企业做成多品种发展、多样化经营的集团。2000年8月，上海熊猫机械（集团）有限公司正式成立，成为一家集研发、生产、销售于一体的现代化高新技术企业，产品涉及水泵、无负压供水设备、智能箱式水泵站、中水处理设备、电气控制设备、成套供水设备、压缩机、清洗机等系列。

2010年之后，熊猫集团在夯实传统制造的基础上，逐步提升智能制造水平，全面开展精尖化、智慧化制造布局，重点打造智慧水务产品。如今，处于快速发展中的熊猫集团已成为建筑楼

熊猫集团

宇供水设备行业规模最大的民营企业之一，拥有六大生产基地、3 000多名员工、36家分公司、289个办事处、350多个售后网点，产品被应用于北京奥运会、山东全运会、上海世博会和广州亚运会等重大场馆，主营业务从水泵、成套设备研发、生产、销售拓展到为客户提供智慧水务系列产品及解决方案，服务于全国近千家水务企业。池学聪认为，"熊猫"能够从一家生产清洗机的小公司发展到今天的生存秘诀是通过创新打造核心竞争力。他有一句名言："企业不创新是在等死，创新则是在找死。但如果'找死'能够闯出一番新天地，企业就会脱胎换骨，登上完全不同的境界。"

以智慧水务实验基地模拟城市供水系统

近年来，物联网、大数据、云计算、人工智能等先进技术正在各行各业展现出发展潜力，水务行业也不例外。随着输、配水管网的互联化管理逐渐普及，水务管理正迈向数字化、智能化时代，其传统运营模式正在发生改变。面对这一发展趋势，熊猫集团紧紧抓住数字化转型机遇，以智慧水务平台为基础支撑，构筑水务行业全产品线、全生态链智能应用，提升水务企业管理水平及运营效率，引领中国智慧水务新发展。

智慧水务说起来容易，做起来难，面临一系列难题。例如，如何通过智慧水务实现智能监控、稳定供水、降本增效等目标？如何精准管控城市供水从源头到龙头的全过程？如何快速查找、修复供水管网上的漏损点？怎么解决供水压力不均衡等"顽疾"？人工智能和大数据如何与供水业务的日常运行管理挂钩？管网的智能化控制如何在降低漏损率上有全面精确的解决方案？水力模型如何不只是停留在理论计算层面？等等。这些问题如果发生在现实生活中，都将对城市的正常运转带来较大干扰，必须在小范围的实验中加以解决。

为更好分析研究这些问题，2019年熊猫集团与同济大学联手打造全国首座智慧水务实验基地。在150亩的占地面积中，分布着20多处大型供水设施和设备、200多套各类型硬件传感器、5 000多米的管路系统。在有限面积、有限管道长度内，通过水力仿真、人工智能、物联网等技术，这个实验基地能够模拟实际生活中的各种典型水路结构，在管路上设置了各种压力、流量和阀门监测点。系统运行收集数据并将其汇聚到控制系统，通过前期构建的模型和算法，开展与智慧供水相关的软硬件模拟、验

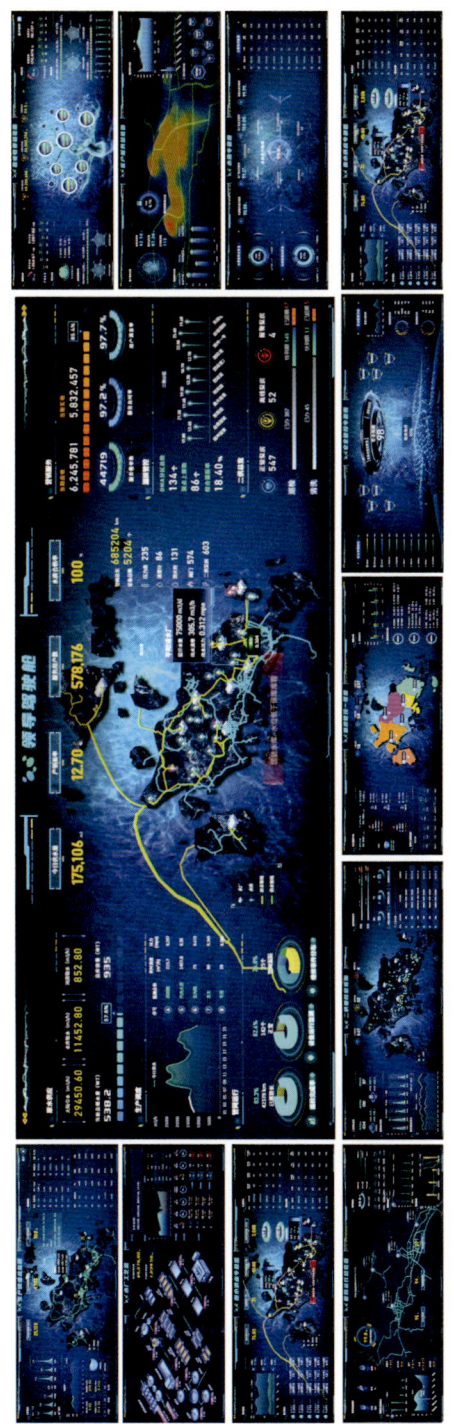

智慧水务平台

引领智慧水务，打造百年熊猫 | 157

证、分析、改进实验。这套智慧系统还可以模拟自来水厂内的水处理、管路输水、老小区稳压、管路出现爆管点和漏损点、调峰供水、管路供水不足等情景。总之，整个系统模拟了整座城市从水库到水厂、供水管网，直至将水送到居民家庭的系统化供水过程，为大型供水系统提供了精准的模拟仿真实验，为上海乃至全国供水企业提供了一个贴近实际运营的供水系统良好环境。

为推进优质资源的互补协同，特别是发挥专家高端智力在智慧水务研发中的作用，熊猫集团积极开展产学研合作，高度重视与高校的协同创新，与多所大学签订了产学研合作协议，建立产学研联盟，形成互动平台，成立课题联合小组，集中攻克难题。比如，熊猫集团与同济大学环境科学与工程学院合作，对漏损控制、爆管溯源、输配水效率等问题逐一展开深层次合作研讨，并取得阶段性成果。此外，熊猫集团始终瞄准国际供水行业前沿技术。2018年以来，已投资5亿多元，完成了集成泵站全方位迭代创新，引进焊接机器人、机器人压板作业、机器人AGV（Automated Guided Vehicle，自动导引车）、激光平板切割机、等离子焊机、装配作业智能流水线、测试作业智能流水线等系列先进配套设备，实现了主要配套产品数字化、智能化控制，向工厂4.0方向迭代创新。

创新是熊猫集团的灵魂与核心竞争力。20多年来，熊猫集团的创新实践紧跟国家创新发展步伐、技术进步前沿和市场发展需要，尤其是围绕国家发布的五年规划提出自己的发展战略。熊猫集团组建了由总部、熊猫智慧水务、上涵科技等多学科、多专业科技人才组成的研发团队，在董事长池学聪的鼎力支持下，紧跟集团战略，专注于技术研发。"十五"规划期间，熊猫集团明确提出"不是专利产品不生产"；"十一五"规划期间，确定"不是节

智能制造之一

智能制造之二

能产品逐步淘汰";"十二五"规划期间,要求"标准配置远程监控,实现软硬结合";"十三五"规划期间,提出"从制造商向提供智慧水务解决方案的服务商转型"。

回头来看,这些发展战略纷纷得到落地,使熊猫集团荣获了多个"第一":第一家搭建信息化与传统产品融合的"远程监控智能监控运维平台",促进传统供水设备升级换代;第一家建立"中国泵房远程监控中心",实现供水设施数字化、智能化、网络化的重大突破,实现制造业与服务业的联动发展;第一家研发"智慧标准化泵房"样板工程,被授予"智慧标准泵房全国研发实验基地""全国智慧标准泵房技术研发中心"称号;第一家推出多项专利集成的"智慧调峰泵站",该泵站成为首台高端智能示范装备;第一家研发集新型软、硬件于一体的"智慧集成泵站"。目前,熊猫集团每年都有 20 多项创新专利产生,公司 80% 的产品都拥有自主知识产权。这一切,确保了公司产品质量长期稳定可靠且不断提升,为公司长期稳定、快速发展和树立"熊猫"卓越品牌地位,奠定了坚实的基础。

以"一十百千"工程打造人才培养梯队

熊猫集团所取得的发展成果,离不开对新技术研发的拼尽全力,也离不开对人才的培养和重视。

熊猫集团还有一个别具特色的"一十百千"人才培养工程。"一"是办好 1 所"熊猫书院"。该书院以线上和线下培训平台为支撑,提供定制化的学习方案,其中,线上以课程学习、交流分享为主,线下以实验基地实操演练为主。在海量课程库的基础上,书院会根据岗位的不同，提供专业性的课程组合学习模式，让员工扎实掌握前沿的专业技术，并构建交流传播的问答平台，为大家及时答疑解惑。集团每年都要聘请大学或科研机构的专家院士来到"熊猫书院"，开办几次专业知识技术培训班，每个"熊猫人"每年都要有不少于72小时的培训，从公司老总自己开始，从上到下一个不落下，都要老老实实坐进教室接受培训。熊猫集团是个名副其实的学习型企业。

"十"是选树10名"熊猫工匠"，形成工匠带徒的激励机制。从2019年起，集团每年评选出不超过2名"熊猫工匠"，计划用5年时间选树10名，并帮带出100名技能人才。以"熊猫工匠"们的以身作则、为人师表，言传身教地带动徒弟们学会勤于思考、勇于担当、善于总结，传承工匠精神和使命责任。

"百"是储备100名"熊猫骨干"。熊猫集团按照技术、管理、工勤序列累计储备100名优秀青年骨干，通过制定3—5年骨干发展规划，建立"一人一策"多渠道、立体式跟踪培养模式，储备一批能力复合、技术过硬的青年骨干。

"千"是培育1 000名"熊猫之星"。熊猫集团分层分类培育技能之星、创新之星、营销之星、服务之星等近千名"熊猫之星"，建立千名人才库，通过"熊猫之星"一对二牵手工程，全面提升全体熊猫员工的能力素质。

通过这一培养模式，熊猫集团大力弘扬精益求精、勇于创新、薪火相传的工匠精神，力争让每一位员工完成从学员到技术专家的角色转变，培养新时期专业拔尖的人才梯队，早日成为"功夫熊猫"！这一人才培养机制既是熊猫集团人才发展的主要平台，也是集团战略发展的重要支撑。池学聪曾谈道："这一行我已经干了20年，前10年都是在为自己奋斗，年轻时特别希望干出点业绩来。现在更多是带团队搞创新开发，把创新的理念传承下去，引领中国智慧水务，为中国水务行业建设贡献一份力量！"

"水是生命之源"，而负责供排水的群体则无疑是生命之源的守护者。平时，我们基本无法看到这些守护者，但他们却在时时刻刻地守护着城市的供排水安全。当前，我国的城市化进程仍在发展，城市化率不断提高，这意味着更大的城市空间和更多的城市人口，也意味着城市需要为市民提供高效安全的公共服务，其中就包括了用水的便捷与安全。作为该行业的开拓者和引领者，熊猫集团在董事长池学聪的带领下以工匠精神和锐意创新得以创立和繁荣，也将在艰苦奋斗和技术研发中继续专注给排水行业高端市场；同时紧跟国家发展战略，拓展净水领域，持续提升新品研发、市场拓展、软硬件融合、数字化服务和顶层设计解决方案的能力，致力于成为国内一流的智慧水务大数据服务商，继续践行熊猫集团的理念："熊猫，让供水更安全、更简单！"

【专家点评】

"现代管理学之父"彼得·德鲁克说过，创新是企业家特有的工具。凭借创新，他们将变化看作开创另一个企业或服务的机遇。任何一个企业或企业家，正是凭借创新意识和创新精神，才赢得了企业或企业家的良好声誉和业界影响力。在不断变化、发展的环境中，正是有了具备创新意识和创新精神的企业家，企业才能立于不败之地。上海熊猫机械（集团）有限公司正是在创新意识和创新精神的引领下，才实现了从单一的汽车清洗机产品向多元复合智能化产品的演进，直至系列智慧水务产品，服务于全国近千家水务企业。在某种意义上，熊猫集团发展壮大的历程，就是其创新意识不断激发、创新精神不断彰显的过程。具体来说，该集团的创新主要有以下三方面的特点：

一是紧扣社会需求。德鲁克认为，在经济中，最主要的任务是做与众不同的事，而非将已经做过的事情做得更好。对企业家而言，"做与众不同的事情"就是要不断告别舒适区，根据变化的社会需求不断定位企业的发展战略，寻找企业新的发展空间。池学聪通过制售淋浴器喷头获得了人生的第一桶金，进而转向"永嘉熊猫"，在"永嘉熊猫"风光无限时，又实现企业发展从浙江到上海的空间转移，并不断扩大、做实智能化、智慧化水务，无不体现了企业家对社会需求和市场空间的敏锐把握。特别是企业直接聚焦智慧水务，这是城市社会发展和智慧城市建设的重要民生领域，将创新同人民生命健康直接关联了起来，因而具有广阔的市场前景。

二是推进协同创造。在熊猫集团那里，"智慧水务"不是一个概念，而是有着系列现实问题支撑的操作系统。如，怎样实现智慧供水、全方位监控、长效节水等目标，如何精准管控城市供水从源头到龙头的全过程，如何快速查找、修复供水管网上的漏损点，等等。这些系统问题不是某一方面技术所能解决的，也不是靠熊猫集团单打独斗就能解决的。在熊猫集团那里，我们看到了其与高校的紧密合作，与多所大学签订了产学研合作协议，以实现协同创新。如以智慧水务建设中的现实难点与问题为牵引，与同济大学及相关学院深度合作，打通了产学研之间的壁垒与边界。

三是注重创新团队。企业与创造力相遇，创造出新的价值，这就是拥抱变化的创新。对一个企业，特别是民营企业而言，企业家的熊彼特式的"创造性破坏"固然引领了企业的前进方向，是企业创造力发挥的灵魂人物，但是，面对着瞬息万变的市场环境，面对着日益增多的不确定领域，特别是技术领域，具有远见卓识的企业家要做的不仅是将创新的意识、精神注入企业，更重要的是围绕企业的内部管理、外部市场的开拓以及企业核心产品的技术革新等方面，组建创新团队，构建创新机制。在这方面，熊猫集团的做法也可圈可点，如其别具特色的"一十百千"人才培养工程，就为企业的发展和创新意识的激活提供了人才支撑，是创新型企业的有效机制保障。当然，企业创新不仅是技术上的创新，也包括适应社会变迁的管理模式上的创新。（罗峰，中共上海市委党校副校长、上海行政学院副院长，教授）

建成才之桥、立业之桥和育人之桥

——上海建桥（集团）有限公司

上海是国际经济、金融、贸易、航运和科技创新中心，同时高等教育资源十分丰富，为城市发展培养了大量的专业型和复合型人才。在中国（上海）自由贸易试验区临港新片区的滴水湖旁，就有一所教育理念卓越、教育资源雄厚、质量管理严格、校园环境优美的全日制民办高校——上海建桥学院。这所民办高校的成立和发展，伴随着改革开放后中国高等教育资源由稀缺到充足，高等教育质量由薄弱到强大，高等教育办学模式由单一到多元的整个发展历程。经过以上海建桥学院创办人、董事长周星增为核心的团队20多年来艰苦卓绝、勠力同心的探索实践，以及对办学、教学和管理模式的高质量追求与持续创新，一代代建桥人让这所当初寂寂无名的学校，变成上海民办高校中在校生人数最多的本科高校。

董事长　周星增

为了母亲的叮嘱

周星增出身在温州乐清柳市的一个普通农村家庭,家中条件比较艰苦。他上初中时,有一年过年,家里实在没有钱置办年夜饭,母亲拿出一个苹果分成四份,分别递给四个子女,说今年就分这一个苹果当过年吧!听到这句话,周星增扑通一声跪在母亲面前,指天发誓:"我如果长大以后不赚很多钱回来给您用,我就不是人!"

凭借自己的努力奋斗和父母倾尽一切的支持,1979年,周星增考取了江西财经学院,成为村里第一个大学生。毕业后,他先后在贵州工学院和温州大学任教10年。虽然经济上依然窘迫,但周星增热爱教育、热爱讲台、热爱学生,每天辛苦备课和授课,每周上课多达30节,还兼任班主任。从教十载的经历给周星增带来了很大的成就感和满足感,让他爱上了这份事业,并且让他深刻地领悟到教育对于一个人的前途命运、对于国家和民族的振兴与发展的重要作用。

1992年,周星增辞职经商,很快发家致富。母亲常把他孝敬的钱用来资助乡邻,自己还是省吃俭用。这让周星增陷入了深思:富了之后做什么?有一天,母亲对他说:"你要是真想孝敬我,那就为孩子们办一所大学,为老人们办一所养老院吧。"母亲的希望成为周星增再次创业的动力,他逐渐明晰了人生事业的方向:到上海去办一所大学!

这样一个选择不单是周星增的一腔热血,也是他对时代发展需求的敏锐洞察,是在一个正确的时机选择了一个正确的行业。20多年前,中国高等教育资源十分稀缺,需求巨大。办大学的重要意义,怎么说都不为过。1999年第三次全国教育工作会议提出

"鼓励社会力量举办民办普通高等学校",这让周星增有了一个强烈的预感:中国民办教育的春天就要来了!

也就是在这一年,周星增变卖了自己在温州的工厂和设备,说服了几位好友共同投资,还到处找亲戚朋友借钱,从温州跑到上海,成立了上海建桥(集团)有限公司(简称"建桥""建桥集团"),并在康桥工业区置地487亩,创建民办上海建桥职业技术学院。从确定校址、征购土地、设计规划,通过专家答辩,到督工建造,学校"当年建成,当年招生",以"规模最大""投资最大""设施最好"创造了当时上海民办高校的三个"最",引发了广泛的社会轰动。毕竟,这是上海第一所由外地来沪企业家投资创办的民办大学,也是上海第一家冠以"上海"两字的民办大学。

周星增将大学校址定在上海,是基于以下几点考虑:一是品牌优势。"上海"两个字,是几百年历史文化积累下来的,有着无法估量的影响力和辐射力。人们一提起上海,自然就会与高质量联系在一起。二是人才优势。上海市民的文化程度和综合素质是国内一流的,全国各地最优秀的人才也都会在上海集聚,这可以使学校拥有较好的师资和生源优势,不断提升教学质量,这是其他城市无法比拟的。三是包容的文化。上海是一座海纳百川的城市,不仅广泛吸纳人才,外来投资者也很容易融入上海、融入当地。除此之外,上海还可以在政策、科技、信息等方面给办学以支持,这些对于办好一所高等学校是非常重要的。

周星增非常坦率地说过:"纯粹从经济理性来讲,办大学真的不赚钱。"事实上,在办学过程中,周星增经常为钱所困。2002年,他涉足房地产行业,也是希望以房地产利润所得支持办学。至于回报,他的回答更加诚恳:"办大学,我更看重社会效益。如果说回报的话,我已经得到了,因为我们精神上很满足。"2005年,学校升格为本科并更名为"上海建桥学院"。2015年秋,在周星增的

上海建桥学院校训

决策下,学校由浦东康桥整体搬迁至浦东临港新片区,校园面积扩大至800亩,全日制在校生逾2.4万人。2017年,学校入选"上海市新增硕士学位授予单位立项建设单位"。

如今,上海建桥学院以本科教育为主,主动适应改革开放对人才的需求,专注于培养生产、技术、服务和管理第一线高素质应用型人才,不断优化学科专业布局结构,积极服务区域经济发展,已累计向社会输送了6万多名毕业生,就业率稳定在98%以上。2020年1月,建桥教育登陆香港联交所成功上市。

建桥事业的诞生与发展,是温州精神和上海文化结合的创新成果。教育界曾评价,上海建桥学院作为第一所由外地来沪民营企业家举办的民办高校,就像一条"鲶鱼",激活了上海民办高等教育的发展,促进上海民办高校迈上了一个新台阶。上海建桥学院的快速崛起,一举打破了原有格局,使上海民办高校从过去的

"三无"状态——无资金、无场地、无专职教师,很快进入"三高"状态——高起点、高规格、高质量。

以善为本,培养建桥人

周星增办企业取名建桥集团,办大学取名建桥学院,源自桥在他心中的重要意义。小的时候,他家门口与学校之间有一座小桥连接,是他上学的必经之路。有一天,桥突然断了,仅在对岸不远处的学校不得不绕很远的路才能到达。周星增的母亲是一位热心人,平时就乐于帮助乡里乡亲,见状后便发动乡邻一起捐款出力,修复了这座桥。自那时起,每当周星增从桥上经过,就会对桥多一份感恩和崇敬。工作后,他延续了这份对桥的感恩和感悟,以桥为榜样,开拓自己的事业。他认为,桥,忍辱负重,成就他人,是通往彼岸的通道,是通向成功的捷径,是跨越历史的平台,是沟通心灵的纽带。

创办上海建桥学院后,周星增将桥的意涵进一步融入办学理念当中,希望带领大家一起努力,建好三座桥——为学生建成才之桥,为员工建立业之桥,为社会建育人之桥。同时,当时选址在南汇康桥路上办大学,取名"建桥",还有"融入当地、扎根当地、服务当地"的含义。建桥的英文标识"GENCH"是周星增独创的一个词,由英语单词 gentle(有修养的)的"GEN"和 Chinese(中国人)的"CH"组合而成,谐音"建桥",寓意为培养"有修养、有爱心和责任心的建桥人"。

无论是办公司还是办教育,周星增都提倡做人要"以善为本",他归纳为三个"不"。第一,不追求"利润最大化"。企业要生存和发展，不营利是不现实的，但不能把追求利润最大化作为唯一目标。周星增认为，凡事只有合理，才是科学；只有合理，才能长久。社会上，许多企业快速崛起，又快速毁灭，原因之一就是只求速度，不讲质量，片面追求经济利益。建桥能在短时间内快速发展，主要依靠伟大的时代机遇、良好的政策环境和社会各界的关心支持，为此要心存感激。从市场上得来的合理利润，除了回报股东、员工，一部分也要通过各种形式返还给社会。

第二，不提倡"商场如战场"。战场的特点是消灭对手，赢得胜利，不是你死，就是我亡。周星增认为，市场和战场完全不同，竞争不一定要打击别人、打垮别人，而是要领先别人，或者说，是大家一起做大蛋糕，开拓"蓝海"。竞争的最高境界是双赢、多赢、共赢。他坚信，有合作才能不断壮大，有共赢才能永续发展。为此，要善待同行，善待合作者，时刻想到同行与合作伙伴的利益。

第三，不认为"员工是打工者"。周星增觉得，企业是一个有机整体，其中的每一部分都必不可少，员工是企业的合作者，因不同分工而发挥不同的作用。要尊重员工，多站在员工的角度，了解员工最真实的想法和需要，尽可能创造良好的工作环境和发展空间，使他们的才能得到发挥。只有善待他人，才能得到员工的真心拥护，得到合作伙伴的通力支持，得到社会各界的高度认可，这是支撑企业持续发展壮大的重要基石。

学习雷锋，弘扬雷锋精神

走在校园中，一尊高大的雷锋铜像矗立在显要位置，这在其他学校并不多见。在周星增的理念中，上海建桥学院培养的学生，

雷锋馆

雷锋在建桥

不仅要术业有专攻，更要道德高尚。为在办学中突出乐于助人、无私奉献的精神，周星增将以善为本的理念与雷锋精神相融合，将雷锋精神作为立校之本。他曾谈道："名牌大学的目标可能是培养钱学森这样的领军人才。但社会除了需要领军人才外，还需要一大批踏实勤奋、敬业爱岗、乐于奉献、雷锋式的劳动者。"

上海建桥学院的学雷锋活动并非一时之风。早在 2005 年，学院就设立了雷锋奖章，颁发给弘扬雷锋精神的优秀个人和集体。同年，学院还成立了雷锋志愿者服务队，除在校服务外，也投身于科技馆、上海世博会、上海进博会等重要场馆和大型活动。在上海建桥学院，学雷锋志愿活动被纳入素质拓展学分，学生利用课余时间参与各项志愿服务累计满 30 小时可获 2 学分。不过，对于活跃在校内外的各志愿者团队来说，他们的志愿服务时间已远远超出了 30 小时，却依然乐此不疲。

2017 年，上海建桥学院建成了上海高校首家雷锋纪念馆。以

"雷锋故事""雷锋精神""雷锋在建桥"三大板块，展现雷锋的生动形象和优秀品格，聚焦雷锋精神及其当代价值，提炼上海建桥学院学雷锋德育教育典型事迹。在雷锋馆，来自各二级学院的学生组成了一支"雷锋讲解员"队伍，以贴近学生、贴近生活的语言讲述"雷锋故事"与"建桥广大师生学雷锋的故事"。自开馆以来，雷锋馆已接待超过 4 万名参观者。

培养"雷锋式大学生"已成为上海建桥学院教书育人的共识。多年以来，"学雷锋"已成为建桥学院培育中国特色社会主义核心价值观的重要方式，通过把每月第一个星期六设为雷锋日、将雷锋精神融入思政课和其他课程、打造学习雷锋网络课堂、举行"学雷锋"相关论坛和研讨会、举办雷锋馆志愿者训练营、编写出版弘扬雷锋精神相关读物、征集制作宣传相关文创作品、制作主题微电影等方式，激励着一代代建桥人从自我做起，从小事做起。可以说，雷锋精神已融入了建桥人的基因，在上海建桥学院深深扎下了根。

改革管理模式，突出校长和党组织的作用

在创办学校时，周星增开创了教育引资的新路子。20 年前，上海民办高校有十来所，几乎都是同一种模式——几位热爱教育、志同道合的老教授，找了个地方，办班办学，然后，慢慢发展起来。应该说，这些创办者对教育很热爱，也很有经验，但缺乏资本实力。周星增既有高校教师和企业管理的经验，又有资本实力，比单一的教师办学或企业家办学更有优势，更能找到一个良好的结合点、平衡点。

在运营中，周星增秉持专家办学、教育家办学的理念，对学校的具体管理参与不多。为了营造这一良好氛围，他提出董事会领导下的校长全面负责制。当时政府对民办高校的规定是实行董事会领导下的校长负责制。上海建桥学院多了"全面"两个字。合作伊始，周星增就决定，董事会只管三件事：一是任命校长，副校长由校长提名，董事会同意；二是每年两次董事会，校长向董事会做述职报告，讨论决定学校经费，预算通过即由学校使用；三是重大合作办学必须通过董事会。周星增对校长充分信任、充分放手，给予较大的自主办学权，让校长完全可以按照高等教育教学的规律办事。

周星增也在大力推动学校不断完善法人治理结构，妥善处理好董事会、校长和党组织三者关系，有效调动校内各方力量聚焦办学。上海建桥学院是上海市较早成立党委的大型民营企业，周星增大力支持党组织在学校办学中发挥政治核心、保障监督、推动促进、服务协调等作用，多次公开发表对党建工作重要性的认

国政馆

识:"民办高校应该而且必须建立党组织""党组织在民办高校中的作用不可替代""学校举办者支持党组织开展工作责无旁贷"。

周星增对自己有一个定位,那就是多做些修桥铺路的事情。建校20多年来,围绕"培养什么人,怎样培养人,为谁培养人"这个时代命题,围绕"我是谁、我在哪、我能做什么"这份青春答卷,周星增带领下的上海建桥学院义无反顾、一路前行,以"闯"的精神挺立潮头、以"创"的劲头勇攀高峰、以"干"的作风攻城拔寨,争当新时代民办高等教育的先锋。对于未来发展,上海建桥学院将通过融合化、国际化、数字化战略,以浦东新区尤其是临港新片区的产业发展和社会发展需要为依托,围绕智能制造、现代服务、文化创意等重点领域,着力建立紧密对接临港产业链的智能制造专业群,ICT(Information Communications Technology,信息通信技术)专业群,金融、贸易、物流专业群,休闲服务专业群,航空服务专业群,珠宝、新媒体和创意设计专业群,应用外语专业群,现代民生服务专业群等8个专业群。力争到"十四五"末,应用型人才培养体系更加完善,国际化办学特色更加明显,人才培养质量全面提高,办学实力进一步增强,办学层次实现新突破,基本建成全国一流民办大学。在此基础上,再奋斗10年,到2035年全面建成国内一流民办大学,朝着建设具有中国特色、世界影响力的高水平应用技术大学迈进。

【专家点评】

周星增是温州第一位辞职经商的大学教师,也是上海滩第一位办大学的外来企业家。在周星增的身上,很好地体现了温州人敏锐的市场意识和敢为天下先的创新创业精神。上海建桥学院创办至今20多年的历史，就是一部在上海、在浦东这块改革开放前沿热土上不断探索、不断创新的历史，在一定程度上也是上海民办高等教育发展的缩影。

首先，建桥开拓了上海民办教育新领域。20多年前，中国高等教育资源稀缺，供给不足，需求巨大。担任过大学教师的经历让周星增深切体悟到，教育事关一个人的前途命运，事关国家和民族的振兴与发展。将办大学的目标锁定在上海，是因为上海具有品牌、人才、文化等综合优势。把学校起名为"建桥"，是因为周星增认为，桥是通往彼岸的通道，是通向成功的捷径，是跨越时空的联系，是沟通心灵的纽带。在这样的办学理念下，建桥作为第一所由外地来沪民营企业家举办的民办高校，就像一条鲶鱼，激活了上海民办高等教育的发展，强有力地推动了社会力量参与兴办教育的热情。

其次，建桥打造了民办教育管理新模式。周星增在办学实践中，推行"董事会领导下的校长全面负责制"，对校长充分信任、充分放手，让校长按照高等教育教学的规律办事、办学。2018年，学校正式通过ISO9001质量体系认证，迈出内部治理制度化、规范化、科学化的重要一步，领上海高校风气之先。自2018年以来，学校在上海市高校分类评价中连续4年位列民办本科高校第一。周星增还高度重视学校党的建设，支持党组织在学校办学中发挥政治核心、保障监督、推动促进等作用，确保学校"立德树人"根本任务的落实。

最后，建桥回应了社会对人才的新需求。高等教育迈入大众化再到普及化，意味着更多高校要承载培养应用型人才的使命。2015年秋，建桥从浦东康桥整体搬迁至临港。学校搬迁并不仅仅是物理空间的腾挪，更是高校人才培养对接区域经济社会发展的重要之举。随着中国（上海）自由贸易试验区临港新片区的成立，学校紧密对接新片区的功能定位、产业定位和城市目标，专注于培养生产、技术、服务和管理第一线高素质应用型人才，不断优化学科专业布局结构，创办新片区产业大学，大力推动产教深度融合、校企协同育人，成为新片区首批产教融合基地，两个产业学院入选上海市重点建设产业学院，并启动产教融合生态示范园的建设。目前，学校共有 15 个上海市一流本科专业建设点，应用技术型人才培养特色日益显现。（桑标，上海市教育科学研究院院长、教授）

为工程提供动力，为生活"智造"美好

——上海东方泵业（集团）有限公司

水可为利，亦可为害。水利在中华民族的历史长河中有着显耀的位置，从远古时代的大禹治水到如今的三峡大坝，兴修水利伴随着中华民族连绵不断的脚步，因地制宜的水利工程在各个时期均发挥着显著的功效，成为研究中国历史的重要对象。近年来，我国持续加大水利建设，"十三五"时期，累计落实水利建设投资3.58万亿元，比"十二五"时期增长57%。2022年，我国完成水利建设投资更是突破了1万亿元关口，达到10 893亿元，是1949年以来最多的一年，显现出了非常广阔的市场发展空间。在水利工程中，泵产品至关重要，可以说是水的搬运工。上海东方泵业（集团）有限公司很早就看到了泵产品的市场需求和社会价值，在董事长吴永旭的带领下，从一家水泵生产企业逐渐发展成为大型泵业"智造"商，以高质量的产品和解决方案成为泵行业的知名品牌，在业务体量上始终处于行业前列。

董事长　吴永旭

泵行业的领航者

出生于浙江永嘉的吴永旭，1985年开始涉足泵业，创办了一家从事水泵生产的小企业，当时的生产工人只有30余人。1993年，吴永旭把握市场机会，扩大公司规模，成立了上海东方泵业制造有限公司。随着当时国内市场对泵产品的需求增加，公司发展迅速步入快车道，业绩连年攀升。公司的良好业绩并没有让吴永旭止步于此。2003年，公司变更为上海东方泵业（集团）有限公司，致力于为行业客户提供更多、更优的专业解决方案，也便于客户实施一站式采购。

经过30多年的奋斗和努力，东方泵业已发展成为一家集科研、制造、营销、服务于一体的大型企业集团，是国内泵行业及相关配套产品、系统解决方案提供商，在上海、江苏、浙江、安徽拥有现代化水泵研发、生产、检测基地，总占地1 000余亩，资产逾20亿元，设备1 000余台套，员工3 000多人，已经拥有15家子公司，积累了100多家国内外核心战略供应商，在行业内拥有最为全面的自有产业链和最安全、稳定、可靠的供应体系，由此形成了在研发、品控、成本、服务等方面具有显著竞争优势的一体化供应链和自主产业集群。

东方泵业主营业务涉及单级泵、多级泵、双吸泵、化工泵、冲压泵、轴（混）流泵、排污泵、消防设备、给水设备、污水设备、废水设备、全程智慧控制系统等100多个系列产品，并逐渐从单一产品向智能成套、全程智能控制转变，产品体系丰富，市场竞争力强劲。产品被广泛应用于水利、市政、建筑、钢铁、电力、矿山、轨交、供热、化工、食品、医药、消防工程、环保等诸多行业，时刻"泵"发出智慧能量。南水北调、黄河治理、三

东方泵业南通有限公司全景

峡工程、大庆油田、北京奥运村、上海世博园、上海浦东机场及全国各大城市地铁、轨交和高铁等国家重大工程的建设都有东方泵业的身影。

科学方案解决城市内涝

2021年7月，郑州遭遇了百年不遇的特大暴雨，导致了严重的城市内涝、河流洪水、山洪滑坡等灾难并发，造成了重大人员伤亡和财产损失。为彻底解决城市雨水及时排放问题，郑州发布了一批排水泵站项目。东方泵业成功中标，为郑东新区博康雍三个雨水泵站提供泵送系统解决方案。

根据规划的排水系统，绿博大道、京港澳高速辅道围合区域周边雨水排入七里河，通过通商路雨水系统与桑林南路雨水系统汇合后，新建一道管涵2-2400×1200，并设置提升泵站将此区域雨水排入七里河。泵站服务面积83.5公顷，占地面积约4 182平方米，设计规模8平方米/秒。

对于这一重大项目，东方泵业专门成立由河南分公司总经理为组长的项目攻坚小组，用一个多月的时间驻守工地，为项目量身定制了一套科学解决方案，即通过6台220千瓦的潜水轴流泵、4台200千瓦的潜水轴流泵及3个直径为4.2米的一体化预制泵站等产品解决排涝问题。最终在2022年汛期来临之前如期完成设备供货及安装，从三月份中标到完成仅历时两个月。

不仅是郑州，近年来，全国已有多个城市发生内涝灾害，工业生产和人民生活受到极大影响，城市内涝治理成为国家积极推进的重大民生工程和系统工程。水利市政是东方泵业很早就大力发展的传统优势领域，公司设有专门的水利市政行业总部、相应的制造事业部和专做水行业自动化控制系统的子公司，拥有近百名技术专家、高级工程师以及遍及全国30个省市的300多名专业技术支持、售后服务工程师。针对城市排涝治理，东方泵业可以提供自动化控制系统、预制泵站、轴流泵、混流泵、各类贯流泵、一体化泵闸等许多产品和专业解决方案。

以前，城市排涝靠的是经验。如今，东方泵业已采用了结合综合应用自动控制、数据信息处理、物联网等技术的自动化控制系统，利用分布式水位数据实时感知系统，结合地理信息系统，对城市内低洼积水点、内河、外河等重要位置水位实现动态监测。发现汛情时，系统平台能第一时间发出预警或报警信息，并根据系统里制定的城市排涝预案数字模型，及时发出排水指令，调度域内各排涝点水泵启动排水，依靠系统平台上的实时数据，及时

大型水泵测试中心

发现排涝系统的漏洞，防患于未然。可以说，现在的城市排涝高级得多，通过自动化控制系统让数据"说话"，为传统水行业配上"智慧"的大脑。当前，东方泵业已参与实施了广东大亚湾、天津外环河、浙江婺城、河北廊坊、安徽蚌埠、河南许昌、辽宁丹东等诸多地区数十座排涝泵站的自动化信息系统的建设与改造。

创新产品助力区域发展

"黄河之水天上来，奔流到海不复回。"一直以来，跨越黄河的方式是建桥。不过，2021年济南成功"解锁"了隧道。被誉为"万里黄河第一隧"的济南黄河济泺路隧道正式通车，实现了黄河天堑由"水上跨越"到"水下穿越"的历史性突破。这条隧道不仅是黄河流域首条公轨合建的交通隧道，也是世界上超大直径盾构隧道第一次穿越地上悬河。现在，市民驾车穿越黄河最快仅需5分钟，比绕道济南黄河大桥节约近1小时车程。中国工程院院士钱七虎表示，"这是一条以科技创新为支撑的高质量隧道"。项目的成功建设为黄河中下游地区通道建设方案选线提供了有力依据。

项目推进过程中，东方泵业作为济泺路黄河隧道暨北跨桥隧管理中心水泵供应商，积极参与其中，提供了市政污水泵、配套控制柜、变频供水设备、水箱等装置，为保证项目顺利推进，东方泵业与客户细致沟通，设计技术方案，跟踪生产制造、品控环节，确保产品质量并如期交货。其间，销售人员、技术人员、售后人员随时待命，及时高效配合每一次技术沟通及售后调试，获得了客户的高度认可。可以说，东方泵业为济南起步区建设和济南新一轮规划发展做出了贡献，助力济南的发展从"大明湖时代"

迈入"黄河时代"。

当前，城市发展日新月异，超高层建筑在许多城市拔地而起。不过，这也给供水系统带来难题。超高层建筑因体型巨大、功能庞杂，建造要求比一般高层建筑更加严格，越向高处发展，技术难度越大。其中，供水系统的设计是高层建筑的重要组成部分，也是建筑物中最为关键的建筑安装工程。超高层建筑供水压力大，不能靠城镇供水管网直接供水，需要自设增压系统，楼层的合理分区、供水机组的优化选型，是高层楼宇供水的重要因素。

计划于2023年开业的双汇新总部大厦总高度达168米，共计39层，是漯河市首个超高层建筑，也是河南省级、漯河市级的重点项目，建成后将成为国际化、智能化、现代化、科技化的5A级总部办公基地。为了给这座超高层地标建筑提供稳定而强劲的供水系统，以及为消防、排污系统提供安全、可靠的系列产品，东方泵业全程参与从前期设计到后期调试的整个过程，提供了300余台套供水、消防、排污、隔油等泵送设备，包括典型产品DFCL冲压泵系列、BH给水设备、WQ潜污泵、消防泵及消防稳压给水设备等，涵盖了整套建筑项目的所有用泵。这些产品和设备顺应近年来全球工业"高效节能"的主题，已经被广泛应用于楼宇供水系统中。2022年10月1日，伴随着激动人心的倒计时："五、四、三、二、一！"双汇新总部大厦正式亮灯。当出现"中国双汇"和"对全市人民的祝福"字样时，现场特地来打卡的人响起了雷鸣般的掌声和欢呼声。东方泵业的产品虽然隐藏在大楼中，并不抢眼，却在默默地、坚实地助力漯河市的产业转型升级和城市形象提升。

要想富，先修路。2021—2022年，四川省相继开通了三座高铁站，即西昌西站、自贡站、泸州站。东方泵业作为三座高铁站建设项目的泵类产品供应商，为各个站房工程、综合客运枢纽、游客集散中心、站前广场、地下综合换乘中心、公交枢纽大楼等功能区域提供排污泵及控制系统共计千余套，另有二次加压供水成套设备、一体化预制泵站等产品。为保证项目顺利开展，东方泵业成立专项项目组，充分发挥东方人一丝不苟的工作精神，在设计联络、生产、物流、现场调试服务等关键性环节上高效、全面配合，积极主动解决实际问题。其中，自贡站项目采用东方泵业一体化预制泵站，直径3.8米、高度19.158米，为整个项目体量最大的单体设备。东方服务人员24小时待命，确保产品稳定、高效运行。可以说，正是有了东方泵业和其他企业的共同参与，曾经深度贫困的地区迈入了"高铁时代"，圆了当地人民的高铁梦！

领先技术打造一流平台

在东方泵业，有一座在业界出了名的展示厅，也是上海的科普教育基地。走到展示厅入口处，一扇白色的太空门徐徐打开。穿过一看，里面可谓是高端、大气、上档次。展示厅将创意与多媒体技术融入产品展示和空间设计，移步换景的装饰效果呈现出极强的视觉感，也立马让人感受到满满的科技感和前瞻性。透过橱窗中一件件陈列的产品和大量文献资料，可以看到一部东方泵业的发展史乃至中国制造业的发展史，好像看到和读懂了一个个大型工程背后的鲜活故事，让人不禁感慨万千。

这一展示厅也突出反映了东方泵业近年来加大基础研究投入、加快技术创新，持续探索行业前沿，向信息化、智能化、智慧化转型升级的发展脚步。东方泵业每年投入巨额资金持续推动技术创新，现拥有上海市级技术中心，7个行业总部、10个专业制造

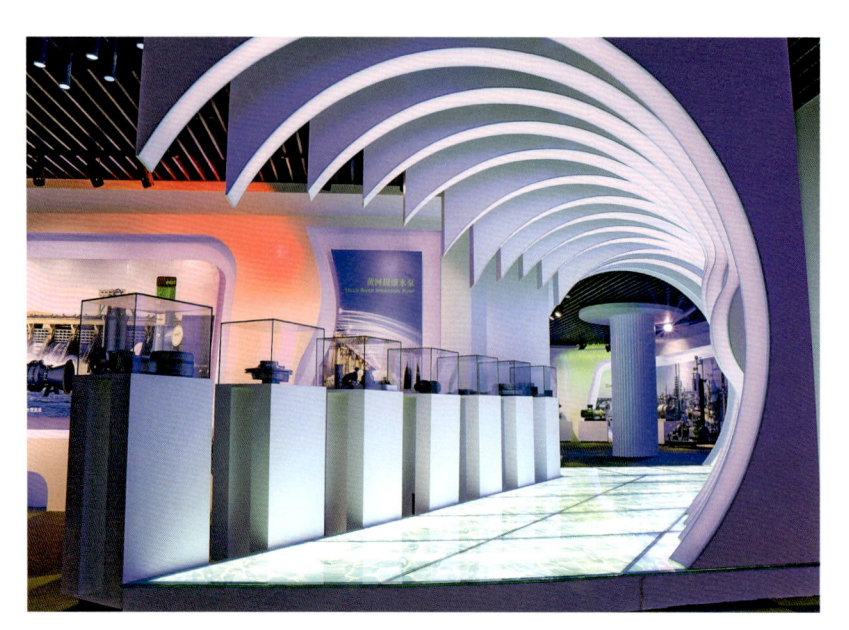

多媒体展示厅

事业部,数百名技术专家、专业技术人员以及大批熟练技工,掌握诸多核心专利,每年均有新产品、新技术问世。

在技术上,东方泵业不断整合技术资源,与知名科研院校联手推动产学研深度结合,把多年积累的使用经验和市场反馈信息融合到产品设计中去,引进、消化、吸收国内外优秀水力模型,积极开展自主研发,采用产品三维设计、水力CFD（Computational Fluid Dynamics,计算流体力学）分析和有限元分析等一系列先进手段,不断优化产品结构设计,提高产品效率和运行性能。

在装备和制造上,东方泵业引入五轴联动等加工中心、数控落地铣镗床、10米数控立车、三面铣多头钻一体机、焊接机器人、电泳涂装设备、三坐标恒温测量仪、关节臂测量仪、硬支承动平衡机等大量高、精、尖生产装备精密加工和检测,关键过程智能监控,确保零部件制造到整机成品的每一道工序和综合性能精准、

电泳涂装生产线

高效、可靠。泵模具通过加工中心直接成形，零部件根据材料要求，使用树脂砂、覆膜砂、消失模等精密铸造完成。

在管理上，东方泵业打造物联网云系统智能平台，全面应用ERP、PLM、CAM等信息化辅助工具，将规模化和专业化进行结合，把信息化和自动化进行连接，使高端装备和先进技术进行交融，通过科学管理，从用户需求分析到研发、设计、铸造、加工、装配、检测，实施全套零缺陷管理流程，从而不断提升产品质量，确保安全性、稳定性、可靠性、一致性。

吴永旭时常引用师从经济学大师弗里德曼的美国管理学家加里·胡佛说过的话：伟大的企业之所以伟大，是因为它们能够看到别人看不到的东西，将洞察力与策略相结合，描绘出独一无二的企业愿景。这一愿景在吴永旭的眼中就是"着眼全球，创国际品牌，打造国际化泵业集团"。为此，他将2021—2025年视为东方泵业的第三次创业，处在实现转型升级和向高质量发展迈进的攻坚阶段。在今后的经营中，东方泵业也将继续响应国家经济转型和高质量发展要求，持续推进信息化、智能化、智慧化转型，为广大客户提供有价值的系统解决方案和更安全、节能、可靠的高品质产品，以全流程、全方位技术支持与专业营销服务，满足客户生产、生活需求，并通过不断提高制造工艺水平、加大基础研究投入和加快技术创新等，为我国经济社会发展和民生福祉提供更强助力，为提升本土品牌形象和国际竞争力竭尽所能，真正践行"以科技，创新超越；以品质，百炼成钢"的发展理念。

【专家点评】

上海东方泵业（集团）有限公司30多年深耕行业、高速发展的历程，提供了研究观察中国民营制造企业和企业家成长的生动案例。在创新驱动企业高质量发展上，东方泵业的实践有几点尤为值得关注。

一是把准产业革命的脉搏，明于洞察。泵行业属于传统机械技术行业，泵产品属于基础工业产品。东方泵业在企业家带领下，敏锐把握中国工业化、城镇化建设的历史机遇和市场高端化、智能化的演进方向，坚定践行智慧化产品战略，构建强大而有韧性的产业链，从一家水泵生产企业逐渐发展成为大型泵业"智造"商，从单一产品向智能成套、全程智能控制转变，走出了一条基础产品实现高价值、高成长的发展之路。

二是坚信科技创新的力量，敢于投入。东方泵业每年投入巨额资金持续推动技术创新，构建企业内部研发、设计、制造全流程的创新体系，打通了从产品三维设计、计算流体力学分析和结构有限元分析一直到3D打印成型、数控加工的数字经脉，大幅度提高了产品创新、工艺创新的效能，助推企业进入高端市场。科技进步带来了劳动生产率提升的丰厚回报，加速了企业持续加大投入的正反馈。

三是构建开放创新的网络，善于协同。东方泵业充分整合外部创新资源，推动与高等院校、科研院所的产学研深度合作，构建全链条、跨专业的协同创新体系。同时依托高校院所的学术前沿布局，始终能够牢牢把握先进技术发展的方向。其中，以我为主、主动布局、应用导向，是保证产学研合作能够取得实效并不断深化的基本原则。

四是推动管理创新的变革，勇于实践。作为泵行业最早应用 ERP 系统对生产过程进行管控的企业之一，东方泵业持续深化信息化驱动的管理变革，打造物联网云系统智能平台，全面集成应用 ERP、PLM、CAM 等管理信息系统，实现了生产效率、产品质量、服务效能的大幅度提升，破除了"早上找死、不上等死"的魔咒，显示出最高管理者的果断决策和持续推进的战略定力。

同时，与全球行业整体态势相比，我国泵行业产业集中度不高、创新能力不强，过度竞争导致企业研发投入不足，这也是我国传统制造业存在的较为普遍的现象。要实现行业整体进步，提升国际竞争力，我们期待已经在细分市场取得突破的东方泵业这类行业领军型企业，能够发挥开拓者和领头雁作用，坚持高端化、智能化、绿色化发展战略，加强企业主导的产学研深度融合，带动应用导向的基础研究，推动创新链、产业链、资金链、人才链深度融合，再接再厉，生动演绎制造强国、质量强国、科技强国战略下传统制造业创新发展的新传奇。（石谦，上海市科学学研究所所长、研究员）

抓住新媒体发展的风口

——上海悦普广告集团股份有限公司

曾经，手机只是大多数人用来接听电话和接收短信的通信工具，但随着新一代信息技术的突飞猛进，手机已经成为一个移动终端，特别是借助 5G 网络，人们可以通过手机流畅地实现文字、图片、视频等多元内容的远程即时传送，手机已经成为广告商竞相争夺的广告投放新平台。

上海悦普广告集团股份有限公司凭借深厚的历史积累和专精的服务能力，成为新媒体广告的翘楚，在业界拥有极高的知名度和影响力。董事长林悦，一个"80 后"年轻企业家，正以"做全球化的社交新媒体，引领全世界的新媒体趋势"的愿景，推动悦普集团不断迈向新的高度。他自己将悦普集团定义为一家基于对策略、创意、媒介整合的深刻洞察，为各行业客户提供社会化媒体领域的营销传播服务的企业。悦普集团不仅涵盖 KOL* 采买、社

---

* KOL 一般指通过互联网进行优质内容的生产和输出，并拥有一定规模粉丝群体的偶像化社会型人格，该类群体一般拥有更多、更准确的产品信息，且为相关群体所接受或信任，并对该群体的购买行为有较大影响力。

董事长　林悦

交媒体的创意内容与创新玩法，还有自己的 MCN*，业务覆盖全面且广泛。

抓住新媒体发展的每一个广告风口

在手机和互联网出现之前，广告投放的主要媒介是报纸、杂志、广播、电视等传统媒体。1994 年，中国进入了互联网时代，并在广告用户群体和影响力方面逐渐超过了传统媒体。进入 21 世纪，中国网民数量增长惊人，网络媒体日渐成熟，成为信息技术发展的主要载体，各种新形态不断出现并改变着中国人的生活方式。博客、微博、论坛等成了主要媒体形式，QQ 空间、校内网、人人网、贴吧等社交平台逐渐集聚起了大量用户。

2009 年，在网络媒体发展中，林悦敏锐地发现在社交平台上投放广告具有巨大的潜力，决心抓住社交媒体营销这一新商机。其实，当时的林悦大学刚毕业就加入了思科，拥有令人艳羡的高薪，工作也非常稳定。但是，内在的创业冲动，促使他还是在半年后毅然决然地辞职创业，与另一位创始人蔡永辉凑了 10 万元来到上海，在徐汇区一间 60 平方米的小房子里，创立了悦普。这里既是他们的办公室，也是他们在上海的栖息之地，创业之初的艰难由此可见。

公司成立后，先是从事网站开发、搜索优化业务，扎根于开心网、校内网等国内早期社交平台，精准投放社交媒体广告。2010 年开始，随着社交网络时代到来，越来越多的品牌借势崛

---

* MCN 主要指孵化和运作 KOL 的机构。

起，这些曾经游离于品牌营销的"边缘战场"逐渐成为兵家必争之地。首先崛起的就是新浪微博。根据中国互联网络信息中心发布的《第28次中国互联网络发展状况统计报告》，2011年上半年，微博用户数量从6 311万迅速增长到1.95亿，增长率高达209%，在网民中的使用率从13.8%提升到40.2%，各大门户网站和行业精英均通过微博分享信息。为此，悦普集团及时调整策略，将微博作为开展业务的主要阵地，利用微博的影响力，加大广告的营销力度。

此后，随着3G、4G通信技术的发展与成熟，手机与互联网开始加快融合，移动终端成为主要载体。微信及其公众号在这一技术背景下快速扩展，2013年的使用人数就突破了3亿，移动终端成了新媒体广告的新领域。悦普集团也随之将重心转至移动终端，在微信广告进行布局。2019年，中国进入5G时代，移动互联网的发展脚步进一步加快。同时，流量成本和智能终端价格不断下降，智能手机、平板电脑等移动终端的消费群体日益扩大，互联网渗透率逐年提高。此时，抖音、小红书、B站、快手等自媒体大型平台呈现多元化发展态势，短视频类的社交媒体迎来风口。同时，兼具媒体属性和消费属性的直播电商也快速崛起，成为当下的主流社交媒体。社交媒体的用户数量、KOL数量及内容数量均呈指数级暴涨趋势，社交媒体营销逐渐呈现规模化、产业化。根据艾瑞咨询《2021年中国网络广告年度洞察报告》统计，2020年，中国网络广告市场规模为7 665.9亿元，大幅超出电视、报纸等传统媒体。在此背景下，悦普集团开始着重布局抖音、小红书等社交媒体平台，深入探索营销方式，精准把握营销渠道新的增长点，提供精准高效的营销服务，业务覆盖明星、汽车、生活、娱乐、时尚等多个领域。

成立以来，悦普集团呈现出良好的发展势头和赢利能力，主

集团内景

要得益于董事长林悦敏锐的洞察力和不断尝新的勇气,能在每一个风口抓住营销的"热点",及时捕捉快速的市场变化,快、狠、准地走在别人前面,永远领先一步。目前,悦普集团已发展成为一家以社会化媒体营销为核心的综合性广告公司。除了数字营销全案代理外,悦普集团旗下还包括专注社交媒体的卓而文化、专注汽车营销的令行广告等子公司,在上海、北京、广州、成都四地设有办公室,员工将近500人。迄今,悦普集团已累计为300余家品牌提供服务,其中包括100余家世界500强企业,主要客户包括阿里巴巴、蚂蚁科技、欧莱雅、字节跳动等。2022年6月,悦普集团在沪市主板提交上市申请。

把握平台特点制定差异化营销策略

作为最早在国内开展社交媒体营销业务的企业之一,悦普集团历经了中国社交媒体的涌现与更迭。由于紧跟国内互联网发展趋势,关注每一个新兴平台的发展,发掘有价值的媒体资源,并积极拓展业务,悦普集团占据了显著的先发优势。正是凭借这一优势,悦普集团在行业内影响力不断增强,与业内头部的社交媒体平台、MCN机构建立了较长期的深度合作关系。今天,悦普集团已是抖音巨量星图平台核心代理商、小红书蒲公英平台核心代理商、B站花火平台核心代理商、快手磁力聚星平台代理商、腾讯广告互选平台官方合作伙伴、知乎芝士广告平台代理商,是国内少有的全面覆盖主流社交媒体并与其中多家达成深度合作的营销服务商。

行业中的地位影响也使得悦普集团具有较大的人才优势。通

服务客户

过多年的内部培养和外部引进，悦普集团已打造出一支经验丰富的管理团队和一批业务精湛的社交媒体营销专业人才。核心团队成员普遍拥有多年的社交媒体营销工作经验，对行业趋势有较强的前瞻意识，能够带领集团在不断变革的广告业内稳健发展。

同时，悦普集团把握平台特点，制定了差异化营销策略。公司对主要媒介，特别是目前载体种类丰富、用户活跃度高、互动性强、具有较大影响力的微博、微信、B站、抖音、快手、小红书、知乎等，从话题传播广泛度、消费者讨论参与度、内容信息呈现深度、实际购买转化效率等方面进行深度分析，探究在不同媒介提升用户参与度、扩大品牌传播规模、引导用户购买行为的主要方式。林悦就指出：知乎主要做知识内容，抖音做短视频，偏向核心达人分享内容；B站做长视频，同样偏向以核心的大V以及UP主的分享为主；小红书则主要做全民化的种草与生活内容分享。为此，根据不同的平台特点，悦普集团有针对性地制定差异化的营销手段。例如，微博以泛娱乐类型内容为主，用户参与活跃，交流氛围轻松，营销方式可以是由KOL发布品牌或商品相关的博文或短视频，或由多个KOL联合打造品牌话题、组织营销活动，并辅以转发抽奖等奖励形式。又如，微信长期位居社交媒体首位，流量优势明显，KOL可以以图文形式在公众号对品牌或商品开展营销，在圈子内向特定兴趣消费者推荐商品，以短视频形式在视频号向消费者传递更多营销信息。再如，抖音具有即时传递大量信息和即时娱乐的特点，KOL可通过发布产品或服务的分享、测评视频及直播带货来开展营销活动。快手与抖音类似，但用户覆盖面下沉程度较高且用户生产的内容更加贴近普通人的日常生活，营销模式可包括定制化短视频广告、信息流广告及公域流量推广直播等。此外，小红书具有分享内容广泛、使用经验真实、展示风格贴近日常等特点，其营销方式可包括商品带货、开箱测评、笔记心得分享等，借助头部 KOL 的影响力和肩部、腰部 KOL 的权威性和可信度，通过图文、短视频、直播等方式，加深消费者对品牌或商品的记忆度。而 B 站的内容生产者是 UP 主，内容强调趣味性，使用户以轻松有趣的方式接收信息，营销方式可以是 UP 主发布品牌展示、商品推荐、开箱测评的视频，以及委托 UP 主开展品牌或商品的推广直播，借助富于创意性、趣味性的内容，快速让消费者留下深刻印象，吸引其进行购买。

总之，悦普集团凭借深耕多年的经验和媒介优势，对不同新媒体平台的特点进行了深度挖掘，并据此探索营销方式的差异，作为制定营销策略的基础，承担起了在整个营销产业链中承上启下的重要"桥梁"作用。在社交媒体营销行业市场化程度较高、单一服务商市场占有率较低的情况下，悦普集团能够保持快速发展，始终跻身该领域头部，与上述因素息息相关。

策划能力和数据评估成就"百变玩法"

在与品牌主的合作过程中，悦普集团对于用什么样的方法、以什么样的剧本开展广告投放等营销业务，并没有一个统一的策略。林悦始终强调的是要熟知和运用不同的玩法。作为温州人，林悦一直践行着"敢为天下先，愿与他人合"的商业精神，并把这种精神延续到工作和生活中，他会花大量时间来与客户及行业内外的朋友们探讨、交流和学习当下热门社交媒体软件和营销案例，多渠道地学习和积累相关知识。正是基于对客户的需求、感受及其中商业价值的深入了解，精准的洞察和判断才能形成。由于对各大媒介特性的了如指掌，悦普集团能够为不同的品牌主制定个性化的营销策略，通过多平台开展整合式社交媒体营销，融合各平台优势以强化营销效果。悦普集团百变策略的背后是强大的策划能力和投放及后续的数据评估。

悦普集团在社交媒体的营销策划方案设计、目标 KOL 矩阵创建、品牌信息传递等方面形成了特有的跨平台、跨领域、跨圈层投放策略体系并将其灵活运用于日常业务。其中，跨平台是根据各大社交媒体平台在 KOL 资源、用户画像、功能玩法等方面的差异，结合品牌主的投放目标，为品牌主选择最为合适的投放平台组合，从而有效触达目标群体，实现营销目标。跨领域则基于对品牌的深刻理解，通过深度发掘品牌的多维特性，创建包含不同垂直领域 KOL 的矩阵，从多个角度对品牌进行推广，从而突破固有的用户群体局限，与更加多样化的消费者群体广泛建立联系，适当扩大营销广度。跨圈层是统合头部、肩部、腰部及尾部 KOL，精选适合的各层次 KOL 加入营销矩阵，借助各圈层 KOL 在话题传播、用户互动、产品种草、销售转化等维度具备的不同影响力，放大营销效果。

深耕社交媒体营销领域多年的悦普集团，其策略团队在每一次广告投放时，都会对客户品牌所处行业开展严谨的资料搜集和数据分析，对品牌目标消费市场进行细分研究，辨别客户品牌最具有商业价值的目标顾客群体，深刻洞察驱动目标顾客选择客户品牌的根本动机和关键驱动力，为后续全案营销的战略性部署积累市场信息。同时在每次广告投放后，悦普集团都会进行效果评估，随时关注市场营销成效，及时调整和优化市场策略与资源投入，为后续营销提供效果预测。在长期的业务实践中，悦普广告不断深化对社交媒体营销业务的理解，并将其沉淀和转化为专业洞察优势，从而提升广告主与社交媒体的匹配率和投放效果，并驱动潜在合作方的业务开拓。说到创新，林悦表示，其实每一个

营销设计案例：芬必得"筑梦摘星"

营销设计案例：善存"抖出彩虹治愈力"

经手完成的案例都是一次创新。"麦当劳 1+1 随心配"小镇青年、善存"抖出彩虹治愈力"、芬必得"筑梦摘星"、天猫金妆奖、雀巢咖啡"城市轻盈 ING"等集团策划的整合营销与数字营销案例获得广泛关注，为品牌带来亿级流量。

当前，中国正大力发展数字经济和战略性新兴产业，推动经济高质量发展和经济结构转型升级。悦普集团所属的数字创意产业，正是数字经济和战略性新兴产业的交会点，得到了国家和上海的鼓励与支持。2021 年，上海明确提出要建设"国际数字广告之都"，通过合力聚焦数字广告业，强化科技创新、提升创意水平、推进产业集聚、促进国际交流，共同推动上海数字广告业高质量发展。这些都为悦普集团的未来发展创造了良好的外部条件。林悦充满信心地表示，新媒体行业仍有巨大的发展潜力，社交媒体营销的市场也依然广阔，悦普集团将始终不忘"让传播变得更简单，让营销变得更高效"的初心，继续强化一站式整合营销服务，不断提升营销效果，努力为品牌客户创造更多价值。

【专家点评】

习近平总书记在党的二十大报告中指出要"加快发展数字经济"及"构建优质高效的服务业新体系"，以推动我国加快构建新发展格局，着力推动高质量发展。悦普集团作为数字创意产业，是数字经济和服务行业的交会，近年来取得了诸如国际广告媒介代理类投放金奖、中国金瞳奖最佳传播效果金奖等多项大奖，2021 年营收高达 14.56 亿元。悦普集团能够取得这样的成就，主要有以下四点原因：

第一，最大限度利用了先发优势。悦普集团是国内最先开展社交媒体营销业务的企业之一，在国内互联网营销刚刚兴起之时就与多家平台保持业务联系，同时关注抖音、快手等新锐力量的发展，及时与之达成合作。经过多年探索得到的管理经验和对市场的深度认知，极大程度上减少了交易成本，促使悦普集团不断拓展业务、积累人力资本，形成了良性循环，一步步将先发优势转化成了领跑实力。

第二，基于平台的差异化宣传。平台经济的快速发展导致了不同平台之间的运作策略分化，而悦普集团注重研究不同平台的特点，针对性选择营销方式，避免了营销策略同质化带来的边际效益递减。例如，在微信公众号上推荐产品、在抖音上直播带货、在小红书上发布经验心得、在 B 站上发布详细开箱视频等，这种不同的策略考虑到了各平台消费者不同的消费偏好，为平台和悦普集团带来了双赢的效果。

第三，基于客户的个性化营销。与平台类似，不同的客户群体之间也存在营销方式的差异，悦普集团尊重每一位客户的需求，根据品牌主的投放目标制定最合适的策略组合，还深度挖掘产品的特性，为客户需求做出了有效补充，形成特有的跨平台、跨领域、跨圈层的投放策略体系，提升了营销的深度和广度，能够更为有效地触达目标群体。

第四，详细的市场调研和数据分析。在当下的大数据时代，数据流量是企业最重要的资产之一。在广告投放前，悦普集团会进行广泛的市场调研，对客户品牌所处行业进行严谨的资料搜集和数据分析，以此判断品牌的目标群体和市场行情，这些是个性化营销和差异化宣传的底层逻辑。在每次广告投放后，悦普集团还会评估营销效果，根据数据分析结果调整营销方案。多年的营销经历积累下的大数据为悦普集团的决策提供可靠保障，在今后甚至可以成为建设类似工业互联网的行业大数据分析处理中心的基础,真正实现数字化升级。这种对数据的搜集、处理和分析是悦普集团创新的原动力和保持领域头部地位的最大优势。

如今,新媒体行业仍然是一片蓝海,前景依然广阔。希望悦普集团不忘"让传播变得更简单,让营销变得更高效"的初心,依靠数字传媒推动各大产业合作和集聚,为国家经济的高质量发展贡献力量。(陈先春,浙江省社会科学界联合会副主席)

光明使者，畅通世界

——上海浦东电线电缆（集团）有限公司

电线电缆是每个人在日常生活中经常看到及各行各业必须用到的产品，有国民经济"血管"和"神经"的美誉。从2011年产值突破1万亿元始，我国已成为世界上最大的电线电缆制造国，2021年的产值已达到1.5万亿元。电力电缆、船用电缆、矿用电缆、石化电缆、核电缆、军工电缆、盾构机电缆、轨道交通电缆、新能源系列电缆、特种电缆……一根小小的电缆可以千变万化。如果说，火能够点燃人们的想象，电能够让想象改变世界，那么，线缆则在文明社会中不断传递着电、光和希望，持续地改变着人们的生活，让世界充满了光明。

上海浦东电线电缆（集团）有限公司就是这么一家愿做"光明使者"的企业，专注于将电线电缆这一行业做到极致。在董事长陈余义的带领下，浦东线缆凭借强大的生产能力、过硬的产品质量、先进的技术水平、现代化的科学管理理念，已经跻身中国电线电缆行业的前列。北京奥运会、上海世博会、辽宁舰、京沪高铁、雪龙号、首都国际机场、上海浦东机场、国家会展中心、

董事长　陈余义

中国尊、上海地铁等国家和上海市重点项目中都有这家企业的身影，它为中国高铁、地铁等行业的国产化进程做出了卓越的贡献。

紧跟国家战略开拓市场

陈余义出身于普通的商人家庭，他的父亲很早就在温州当地经商，这极大地影响了陈余义。他17岁就开始离家闯天下，与柳市人一起做起了电器生意。这是一个在当时被称为"低压电器之都""电子元器件基地"的城市，大到火箭、潜艇等国防武器，小到电子手表上的器件，都有柳市生产的配件。

1988年，海南被国务院批准为经济特区，改革开放后第一轮房地产开发在海南推开。城市建设的兴旺极大地带动了对电器的需求，对商机特别敏锐的陈余义察觉到了机会。于是，他立马结束了在柳市的业务，第一时间带团来到海南大干一场，主营灯具、电器以及电力供应的配套产品销售，当地电力部门对电线电缆的采购也大多由他来提供，一时间销售非常火爆，这也让陈余义获得了人生的第一桶金。

在积蓄了一定的资金后，他决定自己开店，以"白天当老板，晚上睡地板"的精神，四处奔波、不辞辛苦。他创办的海南省最大的电器商场便在曾经的海口市解放路一带诞生了，当年的营业额就达到了3 000多万元，书写了当时海南电器行业中的一个传奇。

海南的成功创业不但为陈余义积累了充足的原始资金，也使他对政策的把握、对商机的判断以及销售管理的经验都得到了极大的提升。不过，深谙销售之道的陈余义并没有在成功之后有所懈怠，他认为："事业要稳固必然是要向实业发展的，一味地做流通是很难做大的。没有自己的产品很大程度上就相当于是为别人做嫁衣。"即使前路困难，他也决定要自己做产品、做实业，但对于是做电器还是其他产品，他一度陷入抉择。思考再三后，他认为国家基础设施建设正大规模推开，电线电缆作为基础材料之一，与经济建设中的各行各业都有着紧密的联系，并具有寿命长、更新换代慢，对生产技术条件的要求较低等特点。只要材料和技术到位就能生产出合格的产品。这对他来说正合适。于是，伴随着20世纪90年代初浦东开发开放，陈余义又来到了上海浦东川沙，并在1993年国有企业改制浪潮中收购了一家电缆厂，正式进军电线电缆行业。此后，奔波、推销、调研、科研又成为陈余义辛勤工作、开拓市场的关键词。

此后，他继续紧跟国家政策动向，不断拓展业务。1997年重庆成为直辖市、1999年国家提出西部大开发战略之后，陈余义在重庆和昆明等地投资创办分厂，企业销售业绩也迅速增长。陈余义喜欢思考未来，当年在已经有两个分厂且效益不错的情况下，很多人更愿意就此暂歇，先用心经营好这两家厂。但对陈余义来说，这不是他的目标。分厂每年盈利虽然不少，但从长远来看，这样的状态并不能保证两厂获得稳定长期的发展。"单一个体资金、材料等都有限，在应对材料上涨、市场萎缩等危机时虽然应变性强，但抗压能力却很弱，一旦持续时间过长势必直接影响到其生存。"陈余义认为，如果有一个更加稳定的平台在这些个体之间起到整合资源、调控的作用，那么，在单个厂面临危机时，就可以通过平台对资金、资源进行调配，进而有效增强整体的抗压能力，无形中也提高了每个分厂在市场中的生存和竞争能力。

为此，2001年，陈余义决定实际控股上海浦东电线电缆厂，成立上海浦东电线电缆有限公司。2003年开始，在奉贤招商引资政策的吸引下，陈余义陆续购买了350多亩土地，组建了如今的浦东线缆，也成为第一批在奉贤落户的温州企业。之后，浦东线缆迎来了新一轮的快速发展，也成为一系列新兴产业的重要供应商。2020年，浦东线缆斥资5 000万元建设车间规模达1.2万平方米的5G装备专用电线电缆项目，该项目产品面向全球供货，大量应用在5G基站、大数据中心、人工智能设备、工业互联网等领域。

可以说，从制定矿物质防火电缆国家标准，倡导家装防火电线的革命，到深耕5G装备高端线缆，研发改性聚丙烯PP电缆，再到推进支持中国2030年碳达峰、2060年碳中和，每一步都是电线电缆行业的新高度。得益于中国改革开放的政策红利，历经近30年的发展历程，陈余义已从一名经销商转变为从事制造业的企业家，浦东线缆也发展成为一家集生产基地、技术研发基地和出口基地于一体，以实业投资为主体，外向型、创新型、多元化的大型综合性集团企业。

楼层安全和高层建筑催生创新产品

过去，中国经常发生消防安全事故，时常造成重大的人员和财产损失。为避免火灾，减少损失，查明来源，提高建筑安全，浦东线缆与原公安部消防局合作，经过3年多的研究分析后发现，电器最容易导致火灾发生，线缆成为着火的重要源头。在实际生活中，电线电缆引发火灾的原因，主要是过负荷、短路、接触电阻过大及外部热源作用。在短路、局部过热等故障状态及外热作用下，绝缘材料绝缘电阻下降、失去绝缘能力，甚至燃烧，进而引发火灾。一旦发生火灾，瞬间温度就能够达到 2 000 多度。对于人员来说，有效的撤离时间大约在 1 个小时内，有效的救援时间大致在 3 个小时内，可谓是时间就是生命。

为尽可能争夺宝贵的救援时间，提高电缆的防火性能，浦东线缆紧跟全球前沿研究，积极开展电缆防火实验，终于研发出矿物绝缘防火电缆。新研发的电缆一旦燃烧，在前 60 分钟时间内，烟雾和毒性气体的释放量都非常小，不会对人身安全造成影响，能够保证人员撤离时的安全性。在前 3 个小时，矿物质电缆能够保持良好的安全性，在火焰中保持正常供电，确保消防设备的正常启用，减少人员和财产损失。甚至只要火焰温度低于铜的熔点温度，火情消除后，电缆无须更换，仍可继续使用。除此之外，矿物绝缘防火电缆还具有过载保护能力强、载流量大、工作温度高、防水、防腐、防爆、屏蔽性能优越、抗辐射能力强、使用寿命长、重量轻、机械强度高等优点。

目前，浦东线缆的矿物质电缆已经形成 BTTZ 刚性矿物质防火电缆，YTTW/RTTZ 柔性矿物质防火电缆，BBTRZ-PD 隔热式防火电缆，CGY、CYY、BYY 高端家装防火电线，BTLY-PD 隔离式防火电缆五大系列产品，其中四个系列的产品已经拥有良好的市场反响。浦东线缆还投资兴建了国内最大的矿物质防火电线电缆生产基地，标志着企业从传统制造向高端"智造"的转型发展。

城市化进程的加快和土地资源的严重不足，促使高层和超高层建筑应运而生。在一些城市，高层和超高层建筑更是密集分布，这也是城市发展和活力的象征。但是，高层和超高层建筑的增多也对电力电缆提出了更高的要求。一直以来，超高层悬挂电缆只有日本能够少量生产，并且长度较短而接头较多。要生产出更加适用于超高层的电缆，其结构需要满足一些比较高的要求：一是

BBTRZ 矿物质隔离型电缆

YTTW 柔性矿物质防火电缆

电缆导体截面的选择应能满足用电负荷所需的载流能力，且应尽可能提升电缆导体的截流能力；二是电缆应尽可能减轻自重且具有足够的机械抗拉能力；三是电缆的弯曲性能要非常好；四是电缆应具有低烟、高阻燃特性；五是电缆经"水平—垂直—水平"敷设，中间不应有接头。为达到这些要求，攻克超高层电缆技术，浦东线缆整合集团技术力量，开展产学研一体化，经过近5年的研究实验，经历了无数次的受挫和失败，最后成功掌握了超高层电缆技术，并将其运用于中国尊项目，奠定了在该产品领域的国内领先地位，并增强了中国进口替代能力。

党建引领与技术研发相辅相成

电线电缆的技术壁垒不高，中国有大量的相关企业进入，单一企业的市场份额很容易被侵蚀，这就对企业的创新形成了强大的倒逼，要求浦东线缆持续加强技术创新，与国内各大科研院所及高校等建立合作关系，开发更多高端的特种电线电缆，拓展电线电缆的使用范围，提高其技术含量和生产工艺水平，在产品上由单一变多元。陈余义说："其实对于实业而言，创新才是硬道理，没有技术创新，没有科学管理，我们很难成为真正意义上的现代企业。"副总裁陈泽南也谈道："电线电缆是一个配套行业，要想取得竞争优势，每年就要投放2—3个引领性的新产品到市场，还要储备一批，否则很容易被市场淘汰。"

为此，浦东线缆自创建以来，始终将"创新"作为提升企业竞争力的关键词，坚持实施经营创新战略、人本管理战略、技术先导战略三大战略，打造一流的人才、一流的技术、一流的设备、

技术大楼

一流的服务，实施科学的质量管理体系，在作为竞争核心的材料、工艺和设备上下大功夫。浦东线缆投入巨资成立技术研发中心，大力引进科技人才并进行技术研发，现已建成了颇具实力的新产品开发研究机构，技术及产品达到同行业领先主导水平，能够生产40多个大类、100多万种规格的电线电缆产品，成为行业中品种最为齐全的企业之一。

目前，浦东线缆每年的科研投入已达总产值的5%以上，而国内同类产业科研投入比例平均还不到2%。科研人员占总员工人数的15%，老专家、中年骨干、青年研发人员各占1/3。浦东线缆已先后开发出具有自主知识产权的专利新产品60多项，拥有六大国家级研发试验平台——国家认可试验室、国家级企业技术中心、省级矿物质防火电缆及材料工程技术中心、院士专家工作站、技师创新工作室、工匠创新工作室，是柔性矿物质防火电缆国家标准 GB/T34926-2017 主编单位，主编或参编国家行业各类标准规范 30 多项。事实证明，浦东线缆选择的这条路不仅实现了集团产值的增收，更为其未来发展带来了光明的前景。

就像总工程师陈伟所说："电线电缆既是一个传统行业，也是一个'青春永驻'的行业。电线电缆的发展与各行各业的技术进步是同步的。"今后，伴随着新一代信息技术、新能源和新能源汽车、人工智能技术、大数据、工业互联网的进一步发展与演进，电线电缆行业既有巨大的创新空间和发展潜力，也有广阔的市场需求。而浦东线缆也将致力于打造成为拥有强大研发能力和自主创新能力的新型高科技企业，并为提高国内电缆行业整体实力贡献"浦东力量"。

值得一提的是，浦东线缆还建设了国内唯一民政局注册的电线电缆博物馆，搜集了 19 世纪以来国内外研发生产的 800 多种电线电缆产品。从 1897 年上海第一根地下电力电缆投用，到 1939 年昆明电缆厂生产首根国产电缆，从我国第一代纸绝缘、长途通信电缆，到中国近年来开发的超导电缆等各种电线电缆新产品，再现了电线电缆行业波澜壮阔的发展史，再现了电线电缆行业民族工业技术进步的奋斗史。

在浦东线缆的技术大楼，中国共产党的基本知识醒目地张贴在走廊各处，包括党旗、入党誓词、历次党代会精神总结、党中央提出的大政方针等。2022 年 10 月中国共产党第二十次全国代表大会在北京闭幕后不久，浦东线缆就把党代会提出的新观点、新论断、新思想制作成宣传语张贴在走廊上，供党员职工了解学习。在工作中，集团领导也时常同党员职工一起学习领会党中央提出的最新精神和重要思想，将其作为接下来工作的重要指引。可以

上海电线电缆博物馆

说，浦东线缆持续保持高质量的发展，离不开党建的引领。多年来，在上级党组织的领导下，浦东线缆党委立足企业实际，以加快企业发展为目标，努力找准党建工作与生产经营的结合点，将政治优势、组织优势转化为推动企业科学发展的竞争优势，取得了良好业绩。在集团打造线缆行业知名品牌战略目标确立后，站在企业发展的新起点上，集团各级党组织充分发挥"凝心聚力、服务中心"的战斗堡垒作用，发挥广大党员"攻坚克难、勇立潮头"的先锋模范作用，培养了一大批政治立场坚定、工作能力强、技术攻关能力过硬的优秀党员，为公共项目建设提供了优质的高科技产品，得到了社会各界的高度认同。2020年，浦东线缆党委被授予"2020年度非公企业党建示范点"荣誉称号。

电线电缆是一个再普通不过，甚至是不太起眼的行业，大多数人也可能认为这是一个典型的劳动密集型行业，不会有太多的创新空间和需求。但从董事长陈余义和浦东线缆的发展与创新历程中可以看到，他和企业始终以一种持之以恒的工匠精神把一个传统行业做成了精品，做到了第一，不仅使其拥有了高附加值和竞争优势，也给这个社会带来了更多的光明和更大的安全。浦东线缆由此可以说是温商企业转型升级的典型代表之一。对此，集团党委书记、副总裁陈向军特别感慨地说道："温商在解决温饱问题后，不能总是依靠之前传统的竞争模式。应当在技术上追求卓越品质，在管理上加强信息化建设，在个人素养上不断提升，以此改变人们对温商的刻板印象。"可以说，先知先觉、敢闯敢试、艰苦奋斗、资源整合是浦东线缆成功发展的奥秘，同样是温商经久不衰和为人称道的奥秘。

【专家点评】

电线电缆与人类的生产和生活密切相关，应用场景十分丰富且不断更新，用户对于产品可靠性、安全性以及功能拓展的要求也越来越高。浦东线缆在这样一个并不起眼的行业中，成功找到了释放创新能量的空间，实属不易。从其发展历程中，可以梳理和归纳出几条看似寻常，但又不同寻常的经验。

一是对市场需求变化持之以恒的关注。在内外部环境快速迭代发展的背景下，技术供给侧与需求侧的结构特征不断变迁。这对企业家发现和捕捉机会的能力提出很大挑战。从董事长陈余义的成长历程可以发现，在投身商海、创办电器商场、收购川沙电缆厂、开设分厂、成立浦东线缆的过程中，他始终在仔细观察和分析变化中的需求结构，从中寻找可能的商业机会。在城市化高速发展的进程中,他看到了高层和超高层建筑大量涌现带来的巨大商机,加大自主研发力度,成功掌握了超高层电缆技术,提升了中国企业在这一领域的进口替代能力。这是非公企业通过集成技术突破,打破国外技术垄断,满足市场新需求的一次有益探索。

二是坚持以创新推动企业竞争能级提升。浦东线缆成立以来,一直将创新视为企业的生命线。一方面通过成立技术研发中心,着力推动高水平技术人才的引进和培育,加强企业技术力量储备。另一方面不断深化与高校院所的合作,在基础材料研发、关键技术攻关、核心工艺改进、重要装备研制、研发试验平台构建、行业标准制定等方面狠下功夫,寻求突破,并取得明显成效。浦东线缆每年都有2—3个行业领先的新产品问世,同时不断夯实技术基础,做好新产品的技术储备工作,保持在行业中的持续技术引领能力。

三是与时俱进,敢闯敢试。在董事长陈余义带领浦东线缆不断前行的过程中,可以看到温州商人群体独特的精神特质:走遍千山万水、吃尽千辛万苦、说尽千言万语、想尽千方百计。浦东线缆一班人不是简单地践行"劳其筋骨,饿其体肤"的奋斗精神,而是苦干加巧干,时刻关注市场动态、技术前沿趋势和资源整合方式的变化,研究和分析这些变化对于企业的机遇和挑战,因势而变、顺势而为,及时调整企业技术发展方向和攻关重点。

浦东线缆发展的历程,展现了非公企业以党建为引领,与不同类型主体密切合作,整合各种资源要素,高效开展科技创新活动,取得一系列重要突破,赢得未来发展机会的生动画面。这或许可以为非公企业在技术进步日新月异背景下,实现高质量发展提供诸多有益启示。(陈强,同济大学经济与管理学院长聘特聘教授,上海市产业创新生态系统研究中心执行主任)

国内 CMC 领域探索者

——上海长光企业发展有限公司

羧甲基纤维素钠（CMC）可作为水胶、增稠剂、悬浮剂、乳化剂、分散剂、稳定剂、上浆剂等，最早由德国于1918年研制成功，并于1921年获得专利而面世，此后便在欧洲实现商业化生产。1943年，美国海格力斯公司（Hercules）首次制成羧甲基纤维素钠，其被认可为安全的食品添加剂。该添加剂被广泛应用于食品、牙膏、日用化学品、新能源电池、石油泥浆、建筑、洗涤剂、陶瓷、造纸、医药、电子、半导体和涂料等轻工领域，被誉为"工业味精"。上海长光企业发展有限公司作为全球领先的淤浆法羧甲基纤维素钠生产、销售、科研的现代化高新技术企业，深耕纤维素领域，不断创新发展，成为第一家产品出口国外的行业龙头企业，产品远销美国、俄罗斯、中东、欧洲、加拿大、澳大利亚等30多个国家和地区，深受全球客户认可。

董事长　丁长光

从零开始不断壮大

董事长丁长光，1959年出生在温州郭溪的一个小山村。由于父亲早逝、家境贫寒，为了减轻家里的负担，13岁初中未毕业的他开始了谋生之路，先后在生产队承包水泥船的运输，开办兽药厂，办化工家庭小作坊生产脲醛树脂和酚醛树脂，建立农工商公司销售化肥和农药，办牛皮制革厂。20世纪80年代，丁长光赴上海从事化工贸易；90年代，他北上天津，在与蓝天六必治牙膏厂的合作中，奠定了未来近30年专注从事羧甲基纤维素钠等化工品的事业基础。1986年，丁长光开办瓯海日用化工公司（长光前身），生产保湿剂。两年后，他再赴上海从事化工贸易。1992年，丁长光从上海回到温州，开办纤维素工厂，专门生产羧甲基纤维素钠及其改性产品。1996年，公司与中海油集团合作，解决了聚阴离子纤维素（PAC）依赖进口的现状，并于1998年成为纤维素醚行业中首家将产品销往国外、出口到美国的世界五百强企业。2002年，受到上海营商政策吸引，丁长光斥资3 500多万元在上海市金山区金山卫镇创办上海长光企业发展有限公司，总公司占地38.5亩，建筑面积达到1.36万平方米。2005年，丁长光代表中国民营企业参加胡锦涛带队的北美三国访问团。2014年11月19日，丁长光代表中国纤维素行业参加中国食品安全会议，在人民大会堂做了食品安全报告。2022年，在疫情困难情况下，长光被评为"上海民营实体企业100强"。随着进入新能源时代蓬勃发展的时期，长光作为领头兵，牵手国内新能源龙头企业共同研发锂电池产品，目前产品已经通过相关技术测试并投入生产。

在企业刚建成投产的初期，由于工人新手多、技术差等，企业运转不正常，经过几番调试仍然生产不出产品。丁长光说："我

企业总部

工厂实景图

很感谢自己的那份坚持，那时承受着巨大压力，几天几夜都在生产一线和工人们一起调试配方，手把手指导工人操作。"最终，合格产品得以生产，企业逐渐步入正常运转轨道，规模也不断扩大：2004 年长光成立美国扬子有限公司；2006 年技改扩产，年产量达到 6 000 吨，并与美国油服巨头公司达成战略合作。此后，长光在休斯敦、卡尔加里、鹿特丹和迪拜建立仓库，2008 年、2017 年又两次技改扩产，将产量提高到 2.5 万吨 / 年；2009 年创建上海上诺精细化学有限公司；2012 年在山东烟台开发区建立了年产 3 万吨的生产基地，成为行业中首家采用淤浆法工艺的生产企业；2007 年公司成为"上海市高新技术企业"。2010 年，丁长光参与制定羧甲基纤维素钠石油级产品的国家标准编制。目前，公司拥有国家授权的发明专利 3 项，国家发明专利申请号 7 项。

质量为本、客户至上

自 1995 年起，公司产学研协同创新，采用世界先进的生产设备和生产工艺，完成了淤浆法生产特级纤维素水胶类工业化、自动化生产流水线技术，通过严格执行 HACCP、ISO 等国际认证体系的管理，经营管理水平已经和国际接轨，公司通过规模化、标准化和系统化运行，始终保持着国内羧甲基纤维素醚行业的领先地位。

长光高度重视产品质量，进行严格的把关，从原材料、生产到成品实施全方位质量监控及多环节抽样检查，确保产品符合指标要求。长光还配备了先进的全套实验室设备，保证检测的准确性。特别是在食品安全方面，公司为确保产品质量，原料使用的都是进口自加拿大的纯天然木浆，而工艺也是采用全球最先进的淤浆法，设备则购自德国。优质的原料、先进的工艺和自动化的设备，确保了从原材料到成品的安全质量。烟台基地生产的产品在理化指标、性能指标上达到国际先进水平，在产品性能、质量及口感上均达到国际最高标准，完全达到可取代乃至超越进口产品的品质。

长期以来，长光为中国食品安全体系的建设做出了积极贡献。2008 年，三聚氰胺事件使得食品行业产业链受到冲击，丁长光当时就呼吁，纤维素醚行业协会应尽快建立行业技术委员会，提高产品安全质量。2016 年 11 月，第十四届中国食品安全年会在北京召开，丁长光在发言中指出："长光人将严格遵守《食品安全法》，安全生产、规范经营，严格执行行业标准，主动接受社会监督，自觉严把产品安全质量关，切实履行企业的生产安全主体责任，确保食品安全，争做'食品安全的卫士'。"

长光还处处为用户着想，为了缩短客户"前置期"，高效送达产品，实现高效物流，休斯敦、卡尔加里、鹿特丹、迪拜四处海外仓库为客户提供"零库存"服务，以降低存货成本。公司还十分注重客户信息的保护，每位员工都与公司签订保密协议，运用"代码系统"保证产品配方不会在生产过程中泄露。在售后服务方面，所有客户邮件将在 24 小时内得到回复。高质量的产品、实惠的价格、良好的后续服务是长光的核心竞争力，长光秉承"合力同行、创新共赢"的企业理念，在日趋激烈的市场竞争下，不断提高产品质量，为客户提供了一流的产品。

长光客户至上的精神还延伸到了员工关怀。在疫情防控常态化阶段，公司重点加强了对员工的关怀，尤其是心理健康方面，组织了多种形式的培训学习、文体娱乐以及理发等活动，公司还落实了各项补贴及福利措施以帮助职工及其家庭，缓解疫情带来的焦虑与不安。丁长光感慨："2022年是长光成立20周年，在这过去的20年里，长光依靠的是能够团结一心和顾全大局的广大员工，以及能够体谅我们同时做出奉献的所有家属。"

企业持续发展离不开创新

"爱一样东西，东西也爱着你"，心系化工业的丁长光当初并没有继续把皮革生意做下去，而是在20世纪80年代末回到了自己最熟悉的化工行业。企业的持续发展离不开创新，善于钻研的丁长光早在20世纪90年代就克服重重困难，研发出了质量合格的羧甲基纤维素钠产品，不仅解决了中国长期依赖进口纤维素原料的问题，还打开了我国纤维素原料出口的大门，成为纤维素醚行业中首家将产品出口到国外的中国企业。

中国自20世纪50年代开始生产羧甲基纤维素钠，由于生产工艺技术门槛不高，国内羧甲基纤维素钠生产企业数量颇多，高峰期生产企业近百家，目前国内主要生产企业数量有30多家，领先企业的产能依然分布在1万—3万吨，只长光旗下山东扬子1家企业设计产能就达到6万吨。羧甲基纤维素钠的制备方法主要有水媒法和溶媒法。其中溶媒法根据反应介质的用量又分为低浴比捏合法和高浴比淤浆法。由于水媒法工艺控制较为困难，因此目前国内羧甲基纤维素钠生产都普遍采用低浴比捏合法生产工艺。采用低浴比捏合法制备的羧甲基纤维素钠产品生产成本较低，且产品应用市场大，但产品取代基分布均匀性较差，且该方法制备的产品在高取代度和高黏度方面兼顾性较差，因此主要集中在中低端市场。

相比之下，经过 10 余年不断的技术提升，长光旗下山东扬子自主创新研制的全自动化淤浆法，即纤维素的活化反应、醚化反应、中和反应和洗涤，可以提高产品的性能指标，即提高产品的黏度和取代度，使其更好地应用于新能源、石油钻井、纺织印染、污水处理、食品加工等领域。同时，不需要加入交联剂或疏水化试剂，有利于简化反应过程，节约生产成本，缩短制备周期，降低能耗。项目生产的电池级、食品级、牙膏级、个护级羧甲基纤维素钠可媲美及代替现有进口产品。

长光采用天然纤维素和食品专用型原料生产的"Ever Bright"牌食品专用型纤维素胶（Cellulose Gum）是一种安全、健康、环保型的食品纤维素胶。生产出的食品级羧甲基纤维素钠可降低脂肪和水之间的表面张力，防止饮料沉淀分层，有利于果肉等固体颗粒在容器中悬浮，并且均匀饱满，保持饮料的稳定性且改善口感。同时，可对蛋白进行保护，提高加工过程中的耐高温能力，可用于牛奶、乳酸饮料、酸奶、豆奶、可可奶、花生奶、果汁奶、椰奶、杏仁奶、核桃乳饮料及各种果蔬汁饮料生产。在生产过程中，各类乳品饮料企业可以根据产品特点选用耐酸型、低黏高透明度等各类羧甲基纤维素，单独或与其他亲水溶胶增稠剂配合使用，起到乳化、增稠、稳定及提升口感、延长货架期的作用。

长光的产品在乳酸菌饮料中的优势更为突出，羧甲基纤维素钠取代度高于 1.2 的产品，乳蛋白粒径小，最小接近 0.18 微米。羧甲基纤维素钠取代度高于 1.2 时，乳酸菌饮料沉淀量小于 0.1%，乳酸菌饮料水析量接近 1.2%。长光乳酸菌饮料专用羧甲基纤维素钠取代度最高可到 1.6，乳酸菌饮料沉淀量可以小于 0.01%。在产品质量的提高方面，不同取代度的羧甲基纤维素钠对乳酸菌饮料的稳定影响是不同的，高取代度的羧甲基纤维素钠能提高产品的稳定性，使产品风味得到明显的改善。

长光下属全球领先的食品级 CMC 生产基地

创新为长光带来了充足的客户，国内诸多知名名牌相继成为长光产品用户。尝到了创新的甜头，长光更加坚定了创新引领企业迈上新台阶的信心和决心。

聚阴离子纤维素是以天然纤维素为原料，经化学改性制得的水溶性纤维素醚类衍生物。聚阴离子纤维素外观为白色或淡黄色粉末或颗粒，无毒无味，吸湿性强，易溶于水，具有溶解速度快、取代度高、热稳定性高、相容性好、耐盐、耐酸碱等优良物理化学性质，是20世纪后期开发出来的重要高性能纤维素醚类产品。聚阴离子纤维素主要应用于石油钻井领域，由于其优良的热稳定性、耐盐性、耐腐蚀性，可应用在恶劣环境中，因此在盐水井、海洋石油钻井建造所需泥浆的配制领域应用广泛。聚阴离子纤维素的全球市场规模不断扩大，未来行业发展前景广阔。长光企业目前是为数不多的将其出口到国际市场的中国生产商，长光申请的高取代度聚阴离子纤维素生产工艺专利具有耐温、耐盐、耐腐蚀、降失水量等优良性能，该专利技术的应用实践，将为行业带来新变化、新发展。

"化工行业主要是配方，所以研发很重要。"丁长光曾说道。对于技术创新和应用研发的重视始终贯穿长光的发展，长光是国家级高新技术企业，拥有美国API（American Petroleum Institute，美国石油学会）认证及一批长期从事产品科研开发及工艺研究的人才，跟踪国内外最新技术进展，并专门组建了由博士8人、硕士20多人组成的技术团队，建立了食品应用研发实验室、牙膏应用实验室等产品应用实验室，具有丰富的技术储备。据丁长光介绍，长光发明专利超过35项，并以高技术水准定理，保持产品质量上升的优势。此外，公司还与浙江大学、上海理工大学、北京理工大学等国内的高校大学进行了产学研的合作，不断提高产品的技术含量，与浙江大学的合作主要是同该校聚合物工程国家重点实验室合作开发产品。2018年，长光与烟台大学合作成立烟台大学研究生联合培养基地与实习基地。

科技创新是企业发展的强大驱动力，长光人通过抓技术创新，谋求企业的发展未来。2020年，长光牵手国内新能源龙头企业共同研发锂电池产品，目前产品已经通过相关技术测试并投入生产。

实验室

科技革命和产业变革正在加快演进，唯改革者进，唯创新者强，唯改革创新者胜。立足新发展阶段，长光人正乘势而上，放大优势，不断建立健全企业创新升级管理机制，为羧甲基纤维素钠行业顺应国家战略发展的需要积极培育新技术和新产品，用创新赋能企业，不断提升企业竞争力，实现企业跨越式发展目标。

【专家点评】

长光的发展历程给予我们很大的启发，我想着重从以下三点进行介绍。

第一，质量为本、客户至上的理念是企业发展的基石。一个企业想要发展，注重产品质量、迎合客户需求是最基本的要求，却也是难点之一。俗话说"万丈高楼平地起，一砖一瓦皆根基"，如果把企业的发展比作一栋高楼的建成，那么质量和客户就是需要打好的根基。长光注重质量要求，对生产严格把关；同时尊重客户隐私，运用"代码系统"消除客户的不安，牢牢拴住每一位顾客的心，为其后续发展奠定基础。

第二，科技创新是企业发展的动力。创新是引领发展的第一动力，是推动高质量发展、建设现代化经济体系的战略支撑。作为一种常用食品添加剂，羧甲基纤维素钠的生产企业颇多，加上技术门槛不高，如果企业不能进行科技创新，就很难在市场上占有一席之地。长光成功的原因之一就是具有创新的勇气和敏锐的市场洞察力，勇于创新产品生产模式，突破行业瓶颈，通过技术的革新和提升率先使用全自动化淤浆法代替市场上常用的低浴比捏合法生产羧甲基纤维素钠，以提高产品的性能指标，解决了羧甲基纤维素钠生产的"卡脖子"问题。此外，长光和诸多高校合作研发新技术，实现产学研同步运作，为企业的长远发展注入源源不断的新活力。牢牢抓住创新理念，实现产品性能和用户体验的提升，打造关键技术自主创新的"核心圈"，成为其塑造和传播品牌的底气。

第三，生产、销售、科研一体化模式是市场发展趋势。随着时代的不断发展和全球化经济的快速推进，仅靠企业原有技术的生产和销售势必有一天会受到外来新势力的冲击。那么要如何应对这一必然问题呢？唯有引进人才，自己做科研，自己不断对产品进行优化、提高、创新，争做行业的引领者，才能把客户留住，才能不被时代的洪流所淹没。生产、销售再加科研一体化的模式是市场发展必然的趋势，也是企业能够发展的不竭动力。

长光的发展理念与中国科学院上海营养与健康研究所不谋而合。研究所于2019年成立营养工程实验室，旨在加快转化转移、促进产业发展，建设"立足上海、辐射全国、面向世界"的食品安全与营养健康食品的产、学、研、用四位一体的协同创新体系，打造国内领先、国际一流的食品与营养学科创新平台。未来，我们也希望能有机会与长光进行持续交流与协作，共同服务国家食品产业的发展。（李于，中国科学院上海营养与健康研究所所务委员、研究员，中国科学院"百人计划"入选者，国家杰出青年科学基金获得者）

义乳行业第一批"吃螃蟹"的人

——上海雪伦医药科技有限公司

根据世界卫生组织最新数据，乳腺癌已取代肺癌成为全球第一大肿瘤。在中国，每年新增乳腺癌患者约为42万人，几乎每隔一分钟就会新增一位乳腺癌患者，这些女性患者大部分最终选择切除乳房，而乳房的缺失虽然换来了生存的机会，但同时剥夺了作为女性面对生活的勇气。为了重启乳腺癌术后患者的幸福，大部分女性选择戴"义乳"来增强自信。对很多乳腺病术后女性来说，一件小小的"义乳"，成为她们弥补躯体缺失、改善外在形象的理想选择。"粉红丝带"的调查结果显示，大部分乳腺癌康复者都认为合身的义乳对乳腺癌康复的身心支援非常重要。在身体方面，义乳有助于改善身体的平衡，并可保护身体避免受到外物撞击。在心理方面，使用义乳后，再穿上外衣，能够帮助乳腺癌康复者重拾从前的体态，重建自信，不再介意别人的目光，可以维持正常的社交活动。上海雪伦医药科技有限公司就是一家专注于乳腺病术后康复期用品的研发与生产的企业，产品和服务包括硅胶义乳、专用文胸、压力胸衣、稳定绷带、培训教育、康复服务

董事长　李艾玲

等,可以满足乳腺病术后用户不同康复需求,以科技助力乳腺健康事业的发展。

第一批"吃螃蟹"的人

上海雪伦医药科技有限公司的前身是成立于1991年的温州市雪伦保健实业公司,前期主要经营女性内衣及与乳房保健、美体等相关的产品,并在温州开了多家"雪伦"女性内衣门店。当时的推广主要是在杂志上刊登一些广告,客户通过写信和打电话的方式来订购自己需要的产品。在电话沟通过程中,就有很多顾客向董事长李艾玲诉说烦心事,而李艾玲就像知心大姐姐一样认真倾听,并努力排解客人的苦闷,因为雪伦想做的不仅仅是销售产品,更想给予客户爱与关怀。

说到为什么会研发义乳产品,李艾玲坦言是源于自己接触到的一位顾客。有一回,李艾玲在店里,碰到了一个"奇怪"的买家。进店时,她压低声音很羞怯地询问:"你们店,有没有卖大一点的胸垫?"经过了解,原来是一位女儿在为刚做完乳腺癌手术的母亲询问胸垫。接待过那位客人后,李艾玲意识到,还有这样一个群体——做过乳腺癌手术的她们,特别需要一个"假乳房",让身体看起来更完整。当时市场上并没有可以代替乳房的产品,也没有"义乳"这个概念。市面上买不到可以填充缺失乳房的相关产品,只能用一些笨法子,有的人用绿豆,里面的绿豆甚至都发芽了。李艾玲知道后震惊不已,深感乳腺癌患者术后的不易。而店里的普通胸垫对于缺少一边乳房的女性来说,显然太小了。于是,她开始在国内寻找可以代替乳房的产品。当时国内医院都还没有成立独立的乳腺科，大家对乳房的养护知之甚少，更别提市场上有能代替乳房的产品。

出于对女性健康的关爱，李艾玲开始涉猎"义乳"这个产品领域，并亲自组建了工厂。20世纪90年代初，国内义乳行业几乎空白。但在当时，国内妇女每1万人中就已有6人是乳腺癌患者，却少有企业留心于此。或许有人知道，却没有勇气成为先行者。由于硅胶类型繁多，安全硅胶成本昂贵，生产前，还要不断进行实验，给材料做配比，因此很多厂商不愿意花这么大的成本开发义乳产品。但是，当时的雪伦已有了自研的硅胶胸垫，拥有生产和研发硅胶义乳的"基因"。于是，李艾玲带领她的团队成了国内第一批"吃螃蟹"的人。她买回硅胶等原料，组建了工厂，雪伦第一款有填充效果的硅胶义乳终于做出来了！1998年，公司自主研发出首款乳腺病术后专用义乳。2009年，上海雪伦医药科技有限公司正式成立，公司专注于乳腺病术后康复期用品研发与生产，主要产品有硅胶义乳、专用文胸、专用泳衣、家居服、假发等，可满足乳腺病术后用户的不同康复需求。

雪伦凭借优良品质与真诚服务赢得了用户的信任，建立了良好口碑。在广大用户的支持下，雪伦得以不断进步，不断发展，

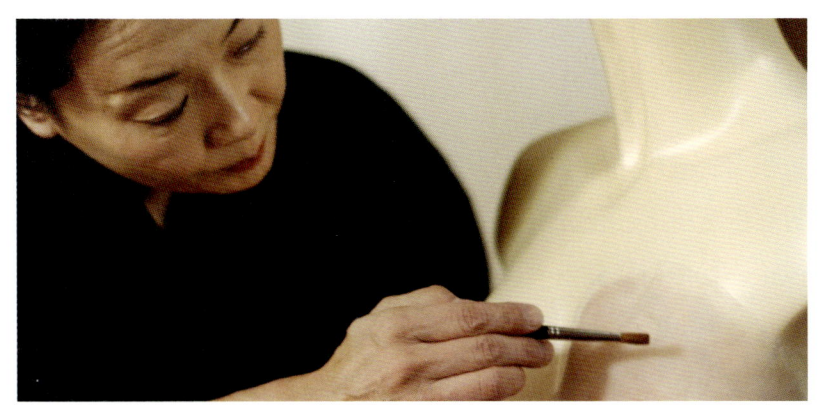

人工定制产品过程

已经形成了专业的开发、生产、销售团队。为了满足发展需要，雪伦经过研究决定，于 2013 年 8 月将温州生产基地迁至上海。乔迁新址是雪伦发展史上的一个里程碑，也是一个新的开始。借助上海的信息、技术与人才优势，雪伦进入了快速发展阶段。

围绕女性需求不断创新

雪伦成立 30 多年来，一直专注于女性乳腺健康事业，从未改换过跑道。谈到创新，李艾玲表示："我们的行业比较特殊，所有的创新都是围绕用户的需求。"公司成立之初，不仅国内义乳市场一片空白，许多医院也没有专门的乳腺科，为提高女性乳腺保护意识，雪伦在医院建立了病友会，定期请专家对相关专业知识做宣教，为患病的女性搭建一个学习和相互鼓励的平台。在这个过程中，雪伦对这一群体的需求有了更多了解。李艾玲回忆说："一开始，姐妹们对义乳的需求不高，只要最基本的填充效果就行。没过多久，姐妹们便对产品提出了'升级'要求，很多人说夏天戴义乳很热，能不能把它变得凉快些。还有姐妹反映说义乳太重，能不能减轻它的重量。"

为此，李艾玲要求雪伦研发团队不断创新，同时她自己也积极学习、吸收国际上更优秀、更专业的产品和技术，研发出了针对乳房重建术、乳房全切术、淋巴水肿等不同情况的个性化产品。雪伦一代形体义乳虽具备乳房轮廓，但是材料不能满足需求，有海绵、棉花、绿豆、草籽等，存在很多问题，比如，重量轻、形态不稳定、材料的安全性等。经过创新，雪伦二代安全义乳在材料上进行创新升级，用到硅胶的材质，硅胶无色无味，耐高温低温，在柔软度、弹性、比重和色泽上更接近人体乳腺组织，义乳被佩戴上以后，在受到撞击时，能有更好的缓冲回弹，能更好地保护胸腔。不论是性能，还是材质，二代义乳都更加稳定安全了。随着用户需求不断增多，产品也随之创新，在二代义乳的基础上，雪伦三代义乳迎来了一个革命性的创新。无膜功能义乳的出现，不仅丰富了义乳功能，同时创新了无膜技术，增加了义乳的透气性和亲肤性，义乳的微孔设计使其具备了很好的舒适性，能满足更多的需求。与此同时，由于部分患者的创面比较特殊，是非规则的，常规义乳无法完美贴合创口，于是雪伦四代仿真定制义乳应需而生。

同时，雪伦还根据顾客个性化定制需求，设有3D定制和人工定制，可以达到人工乳房与健侧乳房一致的效果。3D定制通过3D扫描和科学RI技术，让义乳背面与手术创面形状紧密吻合，使义乳穿着时可贴紧胸部，贴身佩戴不易移位，体现了科技与艺术的深度融合。人工定制是百分百纯手工制作，可以精准取形、精心雕琢，让人工乳房与健侧乳房肤色一致，还能清晰还原乳头、乳晕，再现血管与痣，展现了科技与匠心的融合。除义乳以外，

3D定制产品过程

雪伦根据不同阶段研发相应产品，更加注重设计细节，更人性化。例如义乳和配套文胸的设计，在关注外在美的同时考虑伤口的位置及安全，注重穿戴时的压力分布和体验感。

整合国际资源，以科技助力乳腺健康事业

雪伦已拥有 30 余项技术专利，并通过了高新技术企业认证，获得"专精特新"企业荣誉。秉承"专业、安全、健康"的产品理念及对用户负责的态度，雪伦坚持科技创新，专注产研结合。2017 年，雪伦与中蓝晨光化工研究设计院有限公司（简称"晨光院"）共同成立"国家有机硅工程研究中心医疗康复材料分中心"，更好地为产品创新服务。晨光院设有国家有机硅工程技术研究中心、国家受力结构工程塑料工程技术研究中心、国家合成树脂质量监督检验中心等多家国家级科研技术机构，为我国有机硅行业的开拓和发展发挥重大作用，被称为我国有机硅行业的"黄埔军校"。依托晨光院与雪伦的联合优势，分中心有力推进医疗康复材料研发和应用，加速促进科研成果向实际应用转化。

随着第一款义乳的诞生，雪伦深刻地认识到，想要为用户带来更多、更专业的产品，不能闭门造车，一定要走出去，整合国际上的优质资源和先进技术，在这一理念的指导下，雪伦先后与爱尔兰 Trulife 集团、日本池山医疗、日本 KEA 工坊、瑞典 NordiCare 公司等国际行业内著名企业成立联合研发工作室，达成战略合作。

2012 年，雪伦与国际知名医疗器械企业爱尔兰 Trulife 集团（简称"Trulife"）达成战略合作，成为 Trulife 义乳产品线在中国

雪伦与 Trulife 签约

的独家合作伙伴。Trulife 是一家起源于义乳产品的国际知名医疗器械企业。早在 1958 年，Trulife 就研发出了第一款商业上成功的义乳，经过近 60 年的发展，Trulife 创新研发了无膜义乳，实现了义乳从有膜时代进入无膜时代的突破。从温控义乳到 3D 定制义乳，从产品引进到合作研发，雪伦与 Trulife 的合作不断加深。结合大量用户数据反馈，雪伦与 Trulife 联合研发出更符合东方女性需求和特征的义乳产品。

雪伦与日本池山医疗合作，引进人工乳房定制工艺。在过去 20 年里，池山纪之团队定制的人工乳房主要服务于日本失乳女性，专注研制人工乳房、人工乳头、乳房填充物和人工假体，致力于帮助失去乳房的女性重拾笑容。2015 年，同样专注于乳腺健康领域的雪伦与池山医疗有了合作的契机。李艾玲一行受邀前往日本池山医疗总部参观、考察，详细了解人工乳房定制工艺及其在日本的发展等情况。随后，池山纪之一行亲临上海雪伦总部参观、洽谈。经过多次的参考、考察，雪伦与池山医疗正式签约，达成深度的业务合作，正式将日本定制人工乳房引入中国。雪伦成为义乳领域中日两国科技和文化的桥梁。自 2015 年开始，雪伦与池山医疗潜心合作，把定制人工乳房带到中国，将定制人工乳房"中国化"，让更多有着同样需求的中国女性一同感受工艺改善带来的美妙。

雪伦与日本 KEA 工坊联合开发更适合中国女性的弹力袖套产品。上肢淋巴水肿是乳腺病术后常见的并发症，目前国际较为公认的淋巴水肿治疗方案为综合淋巴消肿治疗，主要包括健康宣教、皮肤护理、淋巴引流手法、多层绷带加压包扎、压力袖套及间歇气压治疗等。压力袖套则被推荐用于淋巴水肿强化治疗后的疗效维持及早期淋巴水肿的治疗，M. L. 麦克尼利（M. L. Mcneely）等的 meta 分析（荟萃分析）明确肯定了压力袖套在淋巴水肿治疗中的作用。在弹力袖套产品的研发方面，日本 KEA 工房有着非常丰富的经验，已在日本为淋巴水肿患者服务了 20 多年，获得了很好的声誉。雪伦与日本 KEA 工房联合研发的弹力袖套 / 手套产品，从安全性、功能性、准确性及舒适度等方面提升产品品质，提高用户的佩戴便捷度和舒适度。

随着公司的不断发展，雪伦始终坚持科技创新，不断与更多国际知名企业达成合作，整合国际优质资源，服务中国市场，以科技助力乳腺健康事业。

关爱始终如一，拓展理念创新

雪伦自创立伊始，便将"关爱始终如一"铭刻在发展的路标上，努力创新，坚持高标准严要求，精益求精，不断完善产品线，把更加优质的产品带给客户。雪伦不仅专注于产品的创新，在销售模式和理念创新上也不断更新，帮助产品更加符合用户的需求。

将硅胶义乳产品投放到线下门店，效果却并不如意。乳腺癌患者术后缺乏自信，不会再去原来的内衣店购物，所以没办法了解到这样的产品。但这并没有让董事长李艾玲气馁，她坚信雪伦的创新技术和优秀人才，一定可以实现"帮助更多术后女性重拾自信"的愿望。现在，雪伦已经在全国各地陆续开设了30多家线下直营体验中心及100余家官方授权经销中心，同时入驻各大主流电商平台，如天猫雪伦旗舰店、京东雪伦旗舰店、微信雪伦商城等。

雪伦在全国30多个中心城市设有42家体验中心。这些体验中心大都设在医院附近，环境温馨，方便患病女性就医时就近休息或参加交流活动，并为用户提供宾至如归的人性化服务，希望客户可以把"体验中心的大厅当自家客厅，把试衣间当成起居室"。雪伦还建立了一支由"铁粉"组成的试衣俱乐部，帮助用户提升对产品的体验。为了能更好地为患病女性服务，雪伦对员工的第一要求是"善良、有爱"。同时，雪伦会定期给员工做相关医疗康复知识培训、志愿服务技能培训。

雪伦不仅是在销售义乳，更是在做实实在在的关爱服务。雪伦特别注重对患病女性的心理关爱，关心患病女性的康复和生活，为患病女性推荐乳腺公益组织，搭建康复知识学习交流平台。在原先病友会的基础上，雪伦进一步扩大了合作医院的规模，与国内300余家三甲医院和专科医院开展多形式、跨地域的深度合作；在多家医院都设立了宣教点，并安排经过专业培训的人员帮助医院一起对患病女性进行术后康复指导，弥补乳腺癌患者生理缺失与心理缺憾，重拾信心与美好生活。

"让所有女性都健康美丽，不要痛苦"是董事长李艾玲创业的初心。在创业过程中她听到、看到太多感人的故事，也被这些坚强勇敢的女性所激励，一直走到了今天。"粉蝶关爱，回馈社会；雪伦予爱，汝此美丽"，除了产品和服务，积极投身公益事业也是雪伦关爱乳腺癌患者健康的一个重要组成部分。2015年，雪伦开始从乳腺癌患病女性中选拔爱心大使，希望可以通过亲历者的故事和正能量去鼓励那些正在被病痛折磨的患者。此外，雪伦通过举办"雪伦杯"、设立"雪伦奖学金"等公益善举，帮助更多患有乳腺癌的女性得到健康指导与内心支持，并为甲乳肿瘤领域的临床实践、学术交流、人才培养提供充满活力的平台。创立30多年来，雪伦累积服务近150万用户，和很多姐妹成为贴心的好朋友，更有很多姐妹深感雪伦的大爱，成为雪伦志愿者和合作伙伴，共营这份有爱的事业。

在竞争中不断探索，在探索中实现创新，雪伦致力于成为中国乳腺病康复用品和服务"第一品牌"。依托专业医学支持，雪伦

李艾玲董事长作为术后康复用品行业代表参与乳癌术后身心重建与公益之路的公益论坛

立足中国、面向世界，以科技引领行业发展，致力打造有机融合、良性发展的乳腺健康产业生态圈。未来，雪伦将逐渐使疾病预防、科普教育平台化，让更多人关注身心健康，紧跟国家"大健康"理念，进阶为全领域健康管理专家，成为医护的好帮手、患者的好朋友，为女性健康保驾护航。2021年起，雪伦已从医疗产品领域扩展到妇科、呼吸道疾病等领域，扎根女性健康事业。

【专家点评】

读雪伦的发展历程，我感受到的不仅是中国消费升级、制造业升级的时代脉动，还有以雪伦创始人为代表的中国女性企业家身上融合了女性关怀的企业家精神。乳腺癌是当今世界的"第一大癌"，位居我国女性新发癌症病例数之首。经过30多年发展，雪伦已经拥有专业、齐全、高标准的乳腺病术后专用义乳等产品线和康复器械研发生产销售基地，并在国际市场上拥有一定的影响力。雪伦取得今日的成就，是把握住历史趋势与机遇的结果，更是自我革命、不断求变、努力创新的结果。

首先，雪伦把握住了中国消费释放和升级的历史趋势与机遇，从而得到了市场经济对专业主义的奖赏。雪伦成立于1991年，成立初以卖女性内衣为主，是典型的大众消费品生产行业。随着中国女性追求健康美丽的消费需求释放，雪伦把握住了女性健康医疗细分市场需求快速增长的机遇，逐步成长为在女性医疗健康领域有一定知名度的创新型企业，成为行业标准的制定者和引领者。坚持需求导向下的专业主义，深耕具有高潜增长特征的行业领域，这是雪伦成功的首要条件。

其次，雪伦的成长秘籍或许就在于创新与合作。作为国内义乳行业第一批"吃螃蟹"的人，雪伦拥有创新的基因，这些年，从材料、生产工艺、产品制程、销售网络到管理运营，这家企业一直都在强调与时俱进地创新。非常特别的是，雪伦的创新基因与其开放合作的基因组成了独特的企业 DNA 密码。在一个竞争性市场上，雪伦选择了开放与合作。这些年，雪伦不断整合国际优质资源和先进技术，与爱尔兰 Trulife 集团、日本池山医疗、日本 KEA 工坊、瑞典 NordiCare 公司等国际行业内著名企业开展联合研发，这样的开放与合作为雪伦的持续创新不断注入新的动力。

最后，也是最根本的，雪伦的发展历程体现了宝贵的企业家精神。中国发展到今天，稀缺的不是资本，甚至不是市场，稀缺的是能发现和开拓市场、推动技术和制度创新、有效整合和利用各种资源的企业家。企业家精神是最稀缺的。从雪伦的故事我们可以看到，女性企业家已经成为中国企业家精神的一股重要力量，但我们对于这股力量的研究与挖掘还远远不够。以雪伦的创始人为例，中国女性企业家身上不仅有着与男性企业家一样开拓进取、勇于创新的企业家精神，还有着这一代中国女性塑造更好自己和更好社会的时代责任感。

以上这些或许是雪伦走到今天也是通往未来最为关键的因素。对乳腺癌患者来说，切除乳房是为了生存，如果把手术和治疗当成对乳腺癌患者的第一次拯救，这是生理性的拯救，使患者获得第一次重生，而雪伦为乳腺癌患者提供义乳等术后产品，这对许多乳腺癌患者来说像是第二次拯救，这更多的是心理性的拯救，可以使患者重塑信心、回归社会，获得第二次新生。雪伦追求的是面向人类美好未来的事业，将能帮助到更多人获得更好的生活。

（何冬妮，广州粤港澳大湾区研究院学术副院长、研究员）

做中国泵阀行业的领跑者

——上海连成（集团）有限公司

改革开放以来，我国民营经济如雨后春笋般崛起。从国内市场来看，水泵行业较欧美发达国家起步晚，但伴随着中国经济的良性发展，水泵行业的研发、设计、生产都进入了飞速发展阶段。在竞争愈渐激烈的国内泵阀行业，从温州走出的上海连成（集团）有限公司，以"致力于人类流体处理工业，打造国际顶尖流体工业品牌"为历史使命，以推进品牌战略发展为核心，以保护自主知识产权为主题，坚定不移地走专业生产、品牌生产、特色服务、创新发展的企业可持续发展之路，完成了"依托上海、辐射全国、走向世界"的初步战略，一举成为中国泵阀行业最具影响力的企业之一，成为国内同行业领跑者，确立了泵阀行业中国驰名商标的品牌领袖地位。

董事长兼总裁　张锡淼

从温州走出的泵阀商人

出生于 1961 年的董事长兼总裁张锡淼是温州第一批从事泵阀事业的商人。20 世纪 80 年代末,张锡淼的泵阀事业已有了初步起色,销售量突破千万。1990 年,张锡淼来到上海发展,创办了上海连成工业泵厂;1993 年创立上海连成(集团)有限公司。张锡淼从创业至今始终站在销售第一线,精准把控行业及市场的动态变化,及时调整公司的战略规划。经过几十年的发展,连成已经从单一的民营企业成长为多元化经营的大型集团化企业,并成功完成鸟巢、国家大剧院、宝钢、首钢、秦山核电、国电集团等多项样板工程。

张锡淼在创业初期就意识到,我国大部分成功的民营企业,其发展轨迹基本遵循"创业积累—快速发展—二次创业"这样一个模式。基于中国经济的快速增长趋势和庞大的市场空间容量,很多企业在前两个阶段都做得很不错,但不少企业在第三阶段明显滞后落伍。连成集团也陷入了第二轮创业的瓶颈期。面对整个泵阀行业发展的低谷期,张锡淼清楚地认识到,虽然国内企业在发展中存在一些问题,但这种局面只是暂时的,随着行业日趋成熟,市场会恢复规范化和合理化。张锡淼时常激励员工:"机遇与挑战并存,胜利属于强者!"只要抓住机遇、扬长避短、苦练内功,连成集团不会辜负所有员工辛勤劳动和智慧累积的成果。

正是凭借着这股不服输的精神,张锡淼带领连成集团一路披荆斩棘、砥砺前行,开启了二次发展之路。经过 20 多年的快速发展和市场布局,连成集团现已拥有五大工业园区,总部设在上海,其他园区分布在江苏、辽宁和浙江等经济发达地区,总占地面积 55 万平方米。集团产业拥有连成苏州、连成大连化工泵、连成泵业、连成电机、连成阀门、连成物流、连成通用设备、连成环境等多家全资子公司，以及阿美泰克控股公司。集团总资本 6.5 亿元，总资产达 30 多亿元。2021 年集团销售收入达 37.2 亿元，纳税总额超过 1 亿元，累计向社会捐赠超千万元，销售业绩始终保持行业前列。

在张锡森的带领下，连成集团具备了强大的凝聚力和向心力，已成为流体工业的佼佼者。"众心相连、成就伟业"，坚如磐石的企业信念不仅是全体连成人的理念，更是连成集团不断发展的精髓所在。2021 年，连成集团荣获由上海市市场监督管理局颁发的"上海品牌"认证。2022 年全国"质量月"企业质量诚信倡议专题活动中，连成集团凭借卓越的产品质量被授予"全国质量诚信标杆企业"称号。正是基于在高端制造领域提供了大批关键产品和服务，连成集团为上海打造具有国际竞争力的高端制造业贡献了自己的力量。

在商海驰骋多年，张锡森始终没忘记自己的社会责任。作为民主党派人士、嘉定区政协委员，张锡森积极参政议政，进良言、献计策。他带头参与"希望工程"和其他公益事业，获得嘉定区首届"慈善之星"称号，在非典、汶川地震及"蓝天下的至爱"等几次捐款活动中捐献数百万元。公司员工身患重病，他号召全体员工募捐为其治病，帮助员工渡过难关。近年来，张锡森积极参与各类社会活动，以实际行动回报社会。他十分关心"4050 工程"下岗人员的就业安置，安排下岗人员 350 余名，聘任近 600 名农村富余劳动力在连成集团就业。作为上海市职业见习基地，连成集团每年为社会培养与输送青年技术人才。得知 2021 年"7·20 河南暴雨"灾情后，连成集团第一时间装载排污抽水设备 500 余台，从车间到发货一气呵成，连夜送往灾区。多年来，连成集团守法经营，是嘉定区的"纳税大户""文明企业"，连续多年被

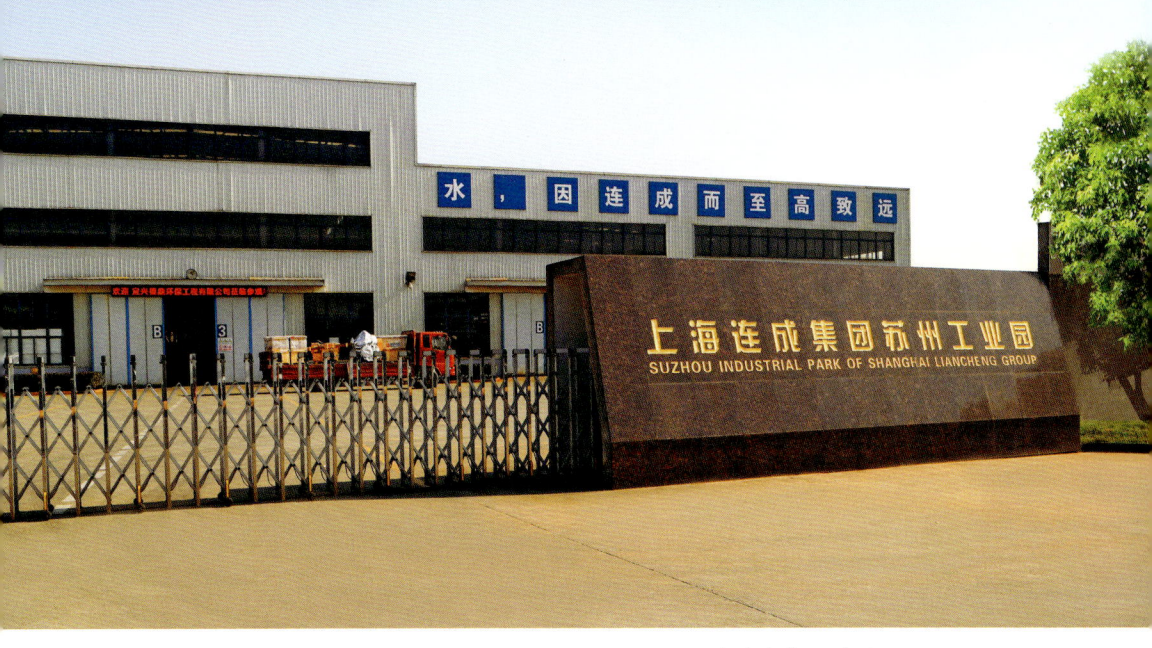

上海连成集团苏州工业园

评为上海市"守合同重信用 AAA 级单位"。

创新路上的"智造者"

"水,因连成而至高致远",打开连成集团的官网,首先就可以看到张锡森的致辞,开篇就是这句豪迈的双关之语。张锡森带领的连成集团,早已成为泵业龙头企业,而张锡森强调的注重绿色环保,走科技创新道路,已经成为连成人的共识,揭示了连成集团成功的秘诀,也解释了为什么传统行业和实体企业面临各种瓶颈时,连成集团依然如鱼得水:为社会创造价值带来的使命感,以及注重知识产权、自主研发的务实和创新的精神。

连成集团一路从温州走来,在企业发展过程中,连成人始终坚信,技术创新是一个企业永续发展的原动力。在社会变革与市场发展中,连成集团始终坚持"技术是企业核心竞争力",在技术研发领域持续高额注入，发力中国制造，做行业的领跑者。目前，连成集团已拥有国家一级水泵测试中心、高效水泵加工中心、三坐标测量仪、动静平衡测量仪、便携式光谱仪、激光快速成型仪、数控机床集群等先进生产检测设备2 000台套以上，产品使用CFD分析手段，通过测试达到国际标准。

连成集团的展厅内陈列着琳琅满目的产品和企业荣誉，最引人注目的就是一项项专利和知识产权。为提高自主创新能力，连成集团于1996年设立了技术中心。该中心承担着保障产品技术设计、促进产品和工艺技术创新、推动企业科技进步的重任。由连成集团自主研发生产的节能型低噪声离心泵，可节能3%至5%，噪声可降低15.5分贝至23.5分贝，该产品技术水平达到了国际同类产品的先进水平；研发的水冷却式低噪声离心泵，其技术属国内外同行业首创，并且获得两项专利；自主研发生产的ZWL智慧

一体化水处理泵房

型无负压稳流给水设备，获多项专利技术，可起到减少污染、降低能耗的作用；还有自主研发的SLG型不锈钢立式多级泵、DG型高温高压锅炉给水泵等一系列科技新产品，其技术水平和性能均达到或超过国内外同行水平。

如果说"坚持科技创新"是连成集团得以飞速发展的一只翅膀，那么"坚持质量第一"则是连成集团走向辉煌的另一只翅膀。俗话说，一个企业的"产品"代表着一个企业决策者的"人品"。连成品牌从创建之初的默默无闻到如今在业界广受认可，离不开连成集团对品牌建设工作的高度重视。长期以来，连成集团不单单以开发、销售产品为己任，更将售前、售中、售后服务做到了周到、细致、全面、高效。连成人始终理解并铭记"质量是企业的生命"的要义。诚信为本、信誉至上，这是连成集团在市场上壮大的基石，是企业长远发展的保障。自1993年公司成立起，这个理念一直伴随着连成人，推动着连成集团的前进步伐。

多年来，连成各类产品被广泛应用于国内外重点工程项目，例如北京中华世纪坛水处理工程、广州新白云机场水循环工程、黄河小浪底水利工程、宁夏扬黄灌溉工程、西安市自来水改造工程、大唐电厂、宝钢、首钢、大庆油田、山西焦化、潞安矿业集团、清华大学海尔集团、德国汉堡市集中供热系统、安哥拉农业排灌工程、巴基斯坦"帝王食品"等一大批国内外样板工程。此外，通用、拜耳、西门子、大众、可口可乐等国际知名企业都对连成产品给予了高度评价。市场的认同、专家的肯定、客户的满意，无疑给连成集团的腾飞创造了有利的品质基础和良好的市场形象。

实践证明，连成集团之所以能够取得这样亮眼的成绩，源于对产品质量管理体系的高度重视，得益于连成人贯彻了ISO标准质量管理体系。产品质量水平的提升，是连成集团得以确立"做大、做优、做强"的民族工业品牌最重要的保障。

上海连成集团智慧泵房云平台运维系统

二次供水智慧泵房

随着构建"人类命运共同体"意识的深入倡导，提高工业经济绿色可持续发展已成为各大企业的共识和目标。连成集团始终秉承着人与自然和谐相处的理念，专注于环保、节能型产品的研发与制造。2019年，连成集团获得工信部重量级"绿色制造系统解决方案供应商"资格，实现绿色制造转型升级，向节能减排方向发展。连成集团在产品设计上不但融入节能、高效、环保的理念，而且采用国际先进的流体设计系统来设计产品，从而提高产品的效率。在生产过程中，连成集团积极引入先进的制造工艺和制造手段。此外，连成集团还积极参与上游供应链企业的技术创新，使产品具备创新、节能、高效、环保的显著优势。

众志成城，抗疫守"沪"

2022年4月，新冠肺炎疫情卷土重来，上海实施了一系列防控措施，这个曾经无比喧嚣的城市，仿佛在一瞬间按下了暂停键。和大多数企业一样，自3月初起，连成集团就开始面临巨大压力。张锡森义无反顾地带领管理团队站到一线，连成集团上下勠力同心，誓与疫情鏖战到底。

为了保证公司运营最大限度不受影响，公司需保留部分员工住在单位闭环管理。他们告别自己的父母和孩子，以坚强的意志战斗在岗位第一线。在保证公司运作的同时，为客户们排忧解难。为保证合同顺利运作，市场部与合同运营部的工作人员挑灯夜战，没日没夜地审核和执行合同流程工作，生怕因为疏忽而延误工期。生产部与储运部加班加点，在用人不足的情况下，不少人身兼数职，哪里有需要就去哪里。为确保货运人员及产品不受病毒感染影响，公司组织了专门的疫情防控人员，严格按照防疫管控要求开展工作，对送货人员进行核酸检测，来往物资进行全面消杀，以确保货运人员的安全，使货物及时安全地送往客户手中，解决客户的后顾之忧。

疫情发生后，物流货运问题成了各大生产制造企业的头等难题。为了确保产品及时发往全国各地，保障正常生产和物流的运行，连成集团经过多方努力，顺利开辟了两条专用运输线路以缓解货运难题。连成集团始终严格把控生产质量，层层把关生产过程，产品通过各部门检测合格后才安排发货。疫情防控期间，连成集团对于产品的生产过程进行全面质量管控，绝不因为疫情影响而疏忽管理，自始至终都以品质优先。各质检部门管理人员驻守质量第一线，为产品品牌保驾护航。为保证供货、生产两不误，连成集团利用多年的供应合作关系，组织后备保障链。提前部署安排电机、铸件和电子元器件等各类原材料的备货，从而确保将疫情影响降到最低限度。

一方有难，八方支援。连成集团凭借优秀的管理体制和防疫措施，成为疫情防控期间为数不多能够正常生产的大型制造企业。当得知陆家嘴集团所主导投资的上海浦东御桥疫情防控隔离点急需生活用泵时，连成集团在危急关头为隔离点补充了物资。同样是在疫情防控区域的嘉定，身为扎根上海的本地企业，连成集团义不容辞地接下了交货时间只有短短 3 天的生产任务。

自疫情发生以来，连成集团始终保持着井然有序的工作安排，在复工复产、疫情防控等方面都取得了卓越的成绩。这是一个成熟企业应有的反应和表现，也是一个行业内知名企业应有的能力与担当。

在中国泵阀行业中，连成集团是一家在品牌、技术原材料配套和服务方面有较强实力的企业，在化工泵、轴流泵、冲压泵、双吸泵、成套给水设备、电气控制设备等领域均处于国内领先地位，有很高的市场占有率，在环保和污水处理等方面也有着良好的技术和市场基础。连成集团以"科技"和"质量"为两翼，展翅腾飞，参与世界强手之间的竞争，为我国机械装备走上世界舞台、为中华民族的振兴和社会进步做出了卓越的贡献，不但成就了连成人的辉煌梦想，也推动了民族工业的跨越式进步，在中国泵阀行业的发展史上写下了浓墨重彩的一笔。在新的历史发展时期，面对新机遇和新挑战，张锡森和他的"连成事业"已经制定了新的发展规划——立足泵业，做强泵业，延伸产业链，真正形成泵、电机、电气控制相关联的机电产品三大业务板块，为跻身国际一流的流体工业企业行列而继续努力。

【专家点评】

上海连城集团勇当中国泵阀行业领跑者的创新创业历程，为制造业企业向高端化方向跃升提供了经验和启示。

其一，战略聚焦是企业做大做强的法宝。聚焦发展是企业成长壮大的战略选择，聚焦某一领域持续发力，方能练就无与伦比的内功。连城集团数十年如一日专注于泵阀行业，深耕高端、智能、绿色制造，从单一民企发展到多元化经营大型集团，战线始终聚焦主业、坚守本业，即使面对行业发展低谷期和二次创业瓶颈期，也坚持"一张蓝图干到底"，不仅形成了特色鲜明的独门绝技和不可撼动的市场地位，更为壮大实体经济、助力制造强国和质量强国建设做出了贡献。

其二，科技创新是企业领航制胜的关键。当前全球形势错综复杂，国际竞争日趋激烈，中国唯有在原创性、引领性、关键性核心技术上自主创新，才能不被"卡脖子"，实现高端装备自主可控和高水平科技自立自强。连城集团在科技创新方面持续高额投入，加快前沿技术研发和应用推广，以技术水平和性能达到或超过国内外同行水平的系列产品，锻造出了至关重要的核心竞争力，让它不仅立于不败之地，而且成为中国泵阀行业最具影响力的企业之一。

其三，绿色发展是企业转型发展的机遇。随着国家"双碳"战略和生态文明建设走深走实，"绿色"将成为经济高质量发展的新引擎，推动绿色转型、促进人与自然和谐共生也将成为发展的普遍形态。连城集团主动融入国家战略需求，发掘绿色发展中蕴藏的巨大潜力和机遇，以"双碳"目标推动技术进步、供给侧改革和产业升级，开发节能、高效、环保产品，不断赋能商业新价值，成就了企业新的生命力和竞争力。

其四，社会责任是企业基业长青的秘诀。社会责任既是社会进步对现代企业提出的要求，更是企业可持续发展的战略资源。连城集团不仅创造了巨大的经济效益，而且强调社会贡献：它擦亮"质量"招牌，从消费者需求出发，用过硬的产品和服务，建立起属于自己的诚信王国；它参与建言献策和捐赠、慈善等公益事业，不遗余力地培养职业人才，用实实在在的行动回报社会。正是通过全面履行社会责任，连城集团才树立起良好的品牌形象，不仅赢得了优质资源和营商环境，而且促进了管理的优化与改善，形成了永续发展的良性循环。

此外，企业的经营与发展是一项系统工程，还需要跳出企业看企业，推动产学研合作，与教育、科技相融合，在"教育—科技—人才"三位一体的整体格局中，塑造更多发展新优势、新动能。（丁晓东，上海理工大学校长、教授）

启迪材料极限

——浩力森涂料（上海）有限公司

当我们购买家电、家居用品、摩托车或汽车时，除了详细了解产品的品牌和性能外，也注重产品的外观，尤其是当前年轻人成为消费市场主力后，产品设计更趋向于个性化、时尚化、智能化，"颜值"成为年轻消费者挑选产品的重要标准，也成为产品变身"网红""爆款"的关键前提。不过，在欣赏着颜色鲜亮、色泽均匀、质感柔顺的产品"外表"时，可能很难想到涂料及其技术工艺发挥的重要作用，其提升了产品的美观程度，也提高了性能和属性。如今，涂装行业早已不是先前的劳动密集型行业，而是在不断扩充着技术创新的底蕴。

作为一家涂装新材料企业，浩力森涂料（上海）有限公司始终在涂料产品的泳透力、防腐性、均匀性及涂料工艺的低碳化、简便化、自动化上持续探索、精益求精，推出了一系列高科技新产品，并不断拓展产品的应用范围。这家企业以突破"卡脖子"瓶颈为己任，以振兴民族产业为目标，与中国制造业的由大变强的历史进程相向同行，凭借科技创新、优异质量和优质服务，在

总裁　周贤

市场上打出了自己响亮的品牌。

立志于创立中国自主品牌涂料

浩力森最早在浙江永嘉桥头镇浙江坚美服辅拉链公司仓库，从做拉链头涂装材料的电泳漆代理开始，逐渐由永嘉区域向全市及全国推广。但是，由于产品的性能、应用施工性不能很好满足当时应用行业的特殊需求，不能适应当时应用行业的施工复杂性，产品推广进展困难，甚至出现了萎缩趋势。当时，水性电泳涂料属于国家鼓励的环保型产业，凭借其性能、施工效率、环保等各方面综合优势，在汽车行业及其他工业中呈现出了全面推广之势。包括现任总裁周贤在内的公司早期创始人敏锐地意识到，要想保持可持续发展，不但要向其他行业、领域全力拓展，而且不能只做代理，必须有自己的产品。

下定决心后，三位联合创始人辗转来到上海，于2003年创立了浩力森涂料（上海）有限公司。联合创始人都有着长远的目标，一开始就配备了国际一流的生产设备和检测试验仪器。浩力森创立后的头10年，以密集型发展战略为主，深耕电泳涂料的技术创新与市场拓展，将电泳涂料的应用领域从服辅拉链行业向汽摩配行业、家电行业延伸。这一延伸使其到2007年的销售额突破了亿元大关，并获得了一定的规模效益和市场名声。接着，浩力森更是不断推出更多的创新产品和技术工艺，不少知名的家电和汽车企业也与浩力森强强合作，其中就有家电、家居行业的美的、海尔、老板、方太、宜家，电梯行业的日立、三菱，客车行业的亚星、金龙，减震器行业的中鼎、美辰、亚新科，汽车行业

南通工厂

的一汽、长安、东风、沃尔沃（Volvo）等。这一时期，浩力森以技术升级不断拓展市场，在不少领域迅速占据了较大的市场份额，陆续成为诸多知名企业的重要供应商，并得到了合作伙伴的高度认可。

2014年至今，浩力森开启密集型、一体化、相关多元化、国际化经营四位一体的发展战略，致力于启迪材料极限，关注核心竞争力和可持续发展，不断推进前沿技术的探索和创新，持续拓展各行各业的应用领域，为客户提供性能优异、功能多样、绿色环保、节能降本的全方位表面处理解决方案。2014年，浩力森在欧盟及日本注册商标，成立海外事业部，产品开始走向东南亚、中东、非洲及欧洲等市场。2015年，浩力森进军商用车行业，成

为富华、锣响的重要供应商，同时与北汽福田达成合作，在车轴、车架、挂车领域抢占市场先机。2016年，浩力森又凭借优异的质量和良好的口碑与李尔、安道拓、佛吉亚、英提尔等一线主流汽车零部件制造商结成合作伙伴。此后，浩力森又相继获得德国大众、美国福特、北美通用三大主流车企认证，成为国内第一家也是唯一获得三大主流车企认证的中国自主品牌涂料供应商。2022年，浩力森与全球传动系统领军企业采埃孚达成战略合作，为其变速箱产品提供水性涂料体系供应。作为一家拥有完全自主品牌的中国企业，浩力森以技术实力和品牌优势打破垄断，与那些拥有百年品牌的厂商站在同一舞台，在更广泛的领域、更国际化的市场上坚实地打下了一片天地。

历经 20 年的发展，浩力森已成为一家提供环保材料、表面处理系统性创新解决方案的国际领先企业，推出了百余种自主研发的产品，2021 年营收超过 10 亿元，主营产品涉及环保涂料、功能新材料及原材料，表面及处理创新系统解决方案，应用领域涉及一般工业、汽车、工程机械、高铁、3C（Computer，Communication，Consumer Electronics，计算机、通信、消费电子产品）、高端皮革等，并始终对标国际一流品牌，在国内诸多应用领域声名卓著。为紧跟工业 4.0 和智能制造发展浪潮，浩力森在江苏的新生产基地正式运营投产，其厂区规划、工作环境、生产管理等方面处于国际领先地位，被认为是亚洲自动化程度先进的环保表面材料制造基地之一。凭借技术前瞻、科技创新、自主研发、服务市场等主导优势，浩力森在国内外市场被公认为尖端环保表面材料应用领域的自主品牌之一。

在电泳涂料领域打破国际品牌垄断

在传统认知里，涂料以人工喷涂为主，可控性差，复杂内腔涂覆率低，也难以保证涂装的均匀。不过，随着时代的发展，自动化、标准化、效率高、绿色环保的电泳涂料逐渐成为新的选择。电泳涂料是 1957 年由美国福特公司研究发明的。1961 年，福特公司建立了第一条用于涂装车轮的阳极电泳线。不久，中国也开始从事电泳涂料的研发，于 1970 年在中国长春第一汽车制造厂正式投入使用电泳涂装工艺，并将其广泛应用于汽车行业。但是，长期以来，在全球汽车涂料核心原材料、喷涂工艺领域，外资品牌占据了主导优势，自主品牌在汽车涂料市场，尤其是乘用车及核心零部件涂装工艺板块几乎没有市场份额。

浩力森以电泳涂料起家，长期专注于电泳涂料产品的研发和生产，早在 2005 年就打破了传统市面上以黑、灰色为主的思维惯性，研发出红、绿、黄、蓝、咖色等彩色电泳漆产品，获得了多项涂料领域的发明专利和实用新型专利，并将其成功应用于弹簧行业，业内口碑颇佳。2008 年，白色电泳漆产品在白色家电领域异军突起，浩力森在随后短短两年时间内迅速占据了国内白色、彩色高端电泳涂料市场的主要份额。此外，浩力森还自主研发了一系列高性能阴极电泳涂料，在汽车及其零部件的涂装方面取得了重大突破。例如，车身漆是最考验电泳漆厂家功力的一款产品。由于车身结构复杂，车身漆既要有效浸涂于车身的内表面、凹穴处、外表面且实现遮盖良好、360 度无死角的均一上膜效果，又要达到防腐特性，这需要很高的泳透力，并非易事。为此，浩力森对这一技术难点持续开展科研攻关，最终开发出了能有效浸涂于复杂车身工件内外表面及凹穴处的 HTP 系列产品，泳透力可达 70%。同时，浩力森开创性地引入新型石墨烯技术，凭借石墨烯独特的结构实现对氧气和水的阻隔，不断提升涂料的抗腐蚀性能。凭借这些技术优势，这款新一代高泳透力高性能阴极电泳涂料得到了国内外诸多主机厂的好评。

车身对于防腐的要求很高，而汽车底盘件、座椅、轮毂、铸造件等作为组装汽车的重要内部件，则需要更高的边缘防腐蚀性能。为有效提升性能，浩力森研发出高边缘防腐阴极电泳涂料：一方面通过在涂料树脂中引入硅系聚合物组分和片状防腐填料，提高涂膜与各类基材的湿附着力，有效屏蔽腐蚀介质，延缓腐蚀速度，提高涂膜的耐腐蚀性能；另一方面添加特殊的流变助剂以控制涂膜的流动状态，抑制电泳涂料在烘烤固化过程中的缩边现象，提高工件边缘涂膜厚度和涂膜覆盖率，满足车辆对防腐蚀性能的要求。实际现场使用数据显示，该涂料能达到耐中性盐雾1 200小时的效果。

在技术工艺上，为提升汽车行业施工的简便性和快速性，满足客户对防腐性和耐候性的兼顾需求，浩力森研发出具备底漆性能和面漆耐老化性能的底面合一产品，实现工艺优化、成本节约、流程缩短、污染降低等目标。浩力森的这些明星产品不仅在泳透力和防腐性能上表现优异，其他各项物理及化学性能指标也都位于行业前列，并通过了大众、通用、福特等全球诸多主机厂的准入资质审核。这意味着浩力森自主研发的高性能阴极电泳涂料已经打破了国际涂料品牌对电泳涂料市场的长期垄断，中国的涂料品牌已经占据了世界的一席之地。可以说，伴随着中国10多年来汽车产业的飞速发展，这款涂料为公司带来了丰厚利润，公司也与其他上下游技术企业一起推动了中国汽车产业的技术进步。特别需要指出的是，浩力森的电泳涂料产品线不仅做到了汽车OEM（Original Equipment Manufacturing，原始设备制造）涂料全覆

树脂车间

盖，突破了传统的"汽车专用"概念，而且拓展到农用机械、工程机械、摩托车、电动车、电梯、工业五金、家居家电等诸多行业。

"油改水"：以水性涂料引领行业绿色低碳转型

近年来，国家对环境保护的重视程度与日俱增，《"十三五"生态环境保护规划》明确提出，涂装行业实施低挥发性有机物含量涂料替代、涂装工艺与设备改进，建设挥发性有机物收集与治理设施。同时，随着现代工业的发展，客户对表面材料产品的需求已不仅限于性能要求，对环保的要求也日趋增加，这些都在促进涂装行业改变高能耗、高排放的特点，努力降低挥发性有机物（Volatile Organic Compounds，VOCs）排放，实现环境友好型发展。由此，"油改水"，大力推进水性涂料发展，已经成为工业涂装行业势在必行的转变方向，这既是一个挑战，也是市场新的发展机遇。水性涂料以水为介质，相对于传统溶剂型涂料更加环保，在家具、家装等行业早已成熟运用，逐步取代了油漆，但在工业涂装领域，这还是一个创新大胆的尝试。浩力森积极顺应国家绿色政策发展趋势，在水性涂料方面取得了技术突破，市场占有率排名不断靠前。

履带产品作为工程机械的底盘件，属于行走装置的一部分，多用在挖掘机、推土机等工程机械上。履带各链轨节间缝隙较多，外形结构复杂，喷涂难以全面覆盖，故常采用浸涂工艺。但目前工程履带用水性浸漆施工没有相应的国家标准，各企业现场的浸涂工艺、浸涂设备、槽体大小、工艺流程都没有明确标准，常常

中央控制室

会出现干燥速度慢、漆膜硬度低、防腐性能差等问题。为此，浩力森研发的新一代水性浸涂漆主体为改性丙烯酸树脂，不含铅、镉、铬、汞等重金属，挥发性有机物含量低、气味小、干燥性能好，适用于不同的金属板材，可做底漆，亦可做底面合一涂料使用。漆膜不仅具有附着力强、柔韧性好、光泽度适中可调、丰满度高、硬度高等特点，而且具备优异的理化性能，其中抗腐蚀性、耐化学品性、耐酸碱性能突出。同时，浩力森水性浸涂涂装工艺施工简单，线体占地面积小，施工能耗低，涂料利用率高，契合客户端现场施工工艺，可实现自动化生产。

同样出于对环保的重视，目前轨道交通行业也开始应用水性涂料，主要分为水性双组份环氧底漆、轨道交通专用双组份弹性腻子、水性双组份聚氨酯中涂漆、水性双组份聚氨酯面漆、水性重防腐涂料及水性阻尼涂料。浩力森结合轨交车辆的需求特点，根据不同种类车型成功研制出外观优异、性能可靠的复合涂层，通过了权威机构的认证，在轨交领域迈出了坚实一步。为推动行业绿色革命，浩力森还集研发团队力量研制出"一涂一烘""湿碰湿"等针对ACE行业施工工艺的产品，为客户提供ACE领域两涂一烘、一涂一烘、浸途、底面合一等全方位解决方案。如今，公司的水性涂料凭借其诸多优势，已被广泛应用于汽车、工程机械、农用装备、高端工业、轨道交通、轻工业等诸多领域。

除水性涂料外，浩力森针对节能环保，开发出减少能源消耗量的低碳涂料和粉末涂料，其中低碳涂料采用两涂一烘、一涂一烘、低温固化等施工工艺，有效减少挥发物的含量，提高生产效率。粉末涂料则拥有无溶剂、100%转化成膜、保护和装饰等特点，成膜外观、各种机械性能和防腐性能安全满足行业对产品的高端要求。2019年，浩力森还研发出NOCS纳米涂料，一举攻克长期困扰集装箱涂料应用中不环保、防腐蚀性一般、施工性困难等难题。可以说，浩力森在降低挥发性有机物含量方面的不懈努力，成效显著，正在助益和引领中国涂装行业的绿色低碳发展和技术转型升级。

浩力森从创建之初的生产加工型企业，成功转型为科技创新型企业，离不开公司雄厚的技术实力和产学研协同推进。多年来，浩力森的研发投入占比始终维持在4%—5%之间，投入大量资金组建科研团队，目前已拥有一支由200多名硕士、博士、资深人员组成的自主研发团队和与诸多知名院校组建的联合研发团队，与复旦大学、华东理工大学、江南大学、南通大学、美国北达科他州立大学等多所院校建立了合作关系。例如，浩力森与南通大学合作开发新型超高性能涂料，旨在解决耐腐蚀、抗石击、高硬度等电泳涂料的"卡脖子"难题。又如，浩力森与复旦大学联合成立"水性表面处理新材料联合研究中心"，联合出版了《现代电泳涂装百科全书》。为进一步提升科研实力，促进成果转化，浩力森打造了占地1万平方米的科研中心，内含价值过亿元的科研仪器，配备百余名科研精英，致力于研发创新高性能高效率的绿色环保产品，把产学研一体化的工作落到实处，确保企业的可持续发展。

　　从一台反应釜、几个人的团队到如今的树脂设备脱溶塔、自主研发及联合研发团队，从第一笔订单到深耕汽车及零部件、工程机械、高端工业等诸多行业领域，浩力森面对过一个又一个挑战，完成了一次又一次不可能完成的任务，创造了一个又一个创新型产品，逐渐发展成为一家又一家知名企业的重要供应商。回首过往，整个发展历程可谓是征"涂"漫漫、异常艰辛。面对客户的高要求，浩力森的回答永远是："可行！"而这两个字背后却是公司领导层和员工们的顽强拼搏、攻坚克难的辛勤汗水。面对未来，浩力森将继续坚守初心，一如既往地秉承振兴民族工业的伟大梦想，用实际行动致力于可持续发展模式，在尖端化科研创新、智能化制造生产、国际化营销服务等方向持续精进，以匠心品质树立行业标杆，以科技创新造就国际典范，真正实现浩力森的企业口号："不变的，是恒心；不忘的，是初心。看得见的地方，用专业做；看不见的地方，用真心做。"这也正是浩力森等以强大中国制造为坚定信念的民族企业不断壮大的原因所在。

树脂设备脱溶塔

【专家点评】

浩力森涂料（上海）有限公司是一家从传统涂料小企业成功走向国际大市场的专精特新企业和"小巨人"企业。从它的成功看，既可以看到中国改革开放从开放引进、参与全球竞争，进而走向创新驱动、绿色发展的轨迹缩影；更可以看到，时代造就的这代企业家、创业者所具有的创业创新精神特质。从传统行业、传统方式起步，浩力森始终胸怀大市场、大趋势，在浙江永嘉完成一次创业，再进军上海完成二次创业，敢于对标国际先进水平，深耕涂料专业领域，研发出具有国际竞争力的中国自主品牌涂料。

浩力森的成功有两大法宝。一是坚持厚植市场拓展力。涂料专业大市场，既有各个领域的需求市场，还有国内国际的需求市场。浩力森在上海的二次创业，展现了浙江民营企业市场拓展力的企业底蕴，实现了市场拓展力的转折性升级——从相对狭小的地方性拉链涂料市场，拓展到更宽领域更大纵深的汽车、家电、家居等领域的涂料市场。汽车、家电、家居，也正是中国加入世界贸易组织后产业大规模扩展且市场增速持续强劲的三大领域，浩力森把握住了市场重大契机，以品牌建设、技术进步、绿色环保、供应链服务为抓手，为诸多知名企业提供专业配套服务，有力拓展市场份额，不断增强进口涂料替代力和国内市场竞争力；而且勇于走出国门，在欧盟及日本注册商标，成立海外事业部，为国际知名企业提供服务，积极培育国际市场拓展力。二是坚持厚植创新驱动力。能够支撑市场地位的，是创新驱动力，包括了产品创新、技术创新、工艺创新等。浩力森坚持创新是第一生产力、人才是第一资源，持续高强度投入研发创新，依托上海丰富的创新资源，建立了一支立足自主创新的高水平专业研发队伍；同时积极构建高水平产学研合作体系，开展核心技术合作攻关，围绕汽车、家电、家居等领域的特殊需求，研发出拥有发明专利和实用新型专利的系列电泳涂料高端产品，为成功切入进口替代市场和开拓新市场提供了强有力的核心技术支撑。最近几年，浩力森更是积极围绕数字化、绿色化发展新趋势，全面实现了智能化生产和清洁生产，特别是围绕"油改水"，在水性涂料方面取得了技术突破，引领行业绿色低碳转型。（王振，上海社会科学院副院长兼信息研究所所长、研究员）

后 记

党的十八大以来，习近平总书记对创新创业创造、民营经济发展做出一系列重要指示，并多次强调民营经济是我们党长期执政、团结带领全国人民实现"两个一百年"奋斗目标和中华民族伟大复兴中国梦的重要力量。有能力、有条件的民营企业要加强自主创新，在推进科技自立自强和科技成果转化中发挥更大作用。要激发民间资本投资活力，为构建新发展格局、推动高质量发展做出更大贡献。

当前，创新领域的国际竞争愈发激烈，包括民营企业在内的中国企业积极参与到新发展格局中，通过创新实现消费量级的激发、产业链的升级，以及"卡脖子"问题的突破。民营企业的发展模式已由传统的扩张型转变为创新型，从被动创新转变为主动创新。作为全国民营经济的发源地，温州企业把创业创新作为发展动力，把个人理想融入民族复兴的伟大实践中，以强烈的担当精神、创造精神投入生产经营中，推动企业高质量发展。在沪温商企业是温州企业的重要组成部分，至今已有9万多家，其中规模以上企业超过5 000家。上海已成为在沪温商企业创新的引领区，也成为企业走向世界的重要策源地。

  为进一步深入研究在沪温商企业的创新实践并对其经验加以总结，2022年9月，上海市浙江温州商会、温州市在沪温商慈善基金会和上海社会科学院国际问题研究所签署合作协议，组成了联合课题组。在上海市浙江温州商会李丏腾会长的具体指导及厉蓓蕾秘书长的具体协调下，国际问题研究所所长王健研究员带领课题组成员胡丽燕博士、吴泽林博士、张严峻博士、周嘉希博士等对一些具有代表性的企业开展调查研究，了解民营企业近年来在创新发展中的最新成果和生动实践，并在此基础上深入研讨、写作、修订，最终形成本书。我们还有幸邀请到业内资深专家对创新案例进行了点评，并附在书中。我们希望本书能够为中国民营企业的创新发展提供有益的经验借鉴。

  在此，我们还要感谢上海市浙江温州商会秘书处工作人员的辛勤工作。感谢上海社会科学院出版社高效细致的工作！

上海市浙江温州商会
温州市在沪温商慈善基金会
上海社会科学院国际问题研究所
2023年11月